Tagore's Motto

泰戈尔箴言

孟加拉语直译版本

泰戈尔 —————— 著　　白开元 —————— 译

作家出版社

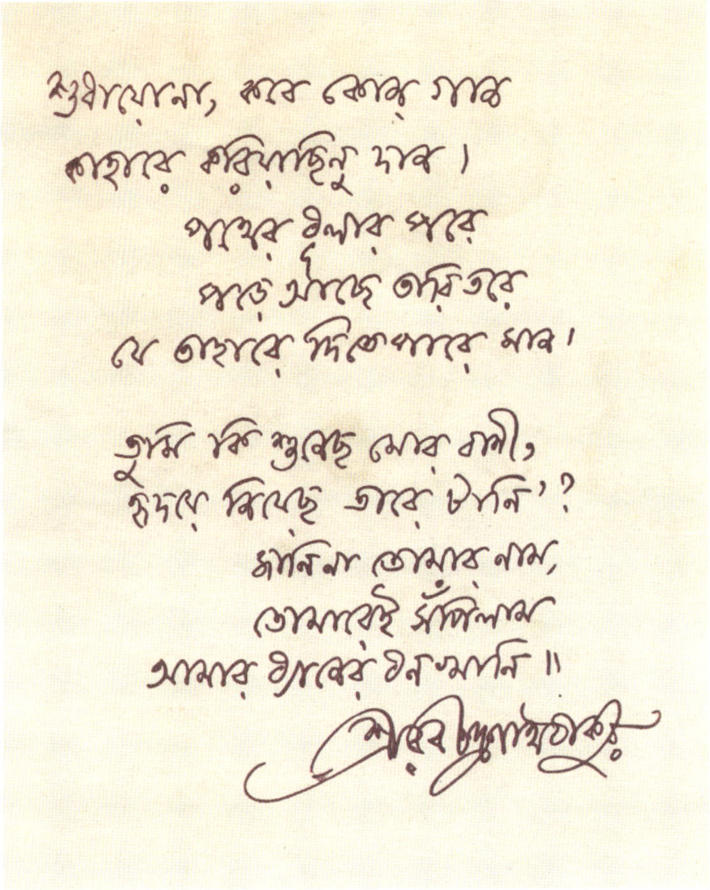

শুধায়োনা, কবে কোন্ গান
কাহারে করিয়াছিনু দান।
পথের ধুলার পরে
পড়ে আছে তারি তরে
যে তাহারে দিতে পারে মান।

তুমি কি শুনেছ মোর বাণী,
হৃদয়ে নিয়েছ তারে টানি'?
জানি না তোমার নাম,
তোমারেই সঁপিলাম
আমার ধ্যানের ধনখানি॥

শ্রীরবীন্দ্রনাথ ঠাকুর

泰戈尔手迹

泰戈尔像

目 录

译　序

罗宾德拉纳特·泰戈尔是印度文学巨匠，也是杰出的思想家、教育家和社会活动家。

泰戈尔于1861年5月7日诞生于加尔各答泰戈尔家族的祖宅朱拉萨迦。1941年7月30日在这幢红楼中与世长辞。

泰戈尔在漫长的一生中创作了一千多万字的各类文学作品。与此同时，在《古代文学》《民间文学》《现代文学》等7部文学专著中，阐述了他从事文学创作遵循的美学理论，表达对他各种文体作品的睿智看法。

真实、韵律和美，构成泰戈尔文艺思想的核心。泰戈尔赞同真实即美，美即真实的观点。他认为美在万有之中。人、动物、植物、自然景色、社会、宇宙皆蕴含美。艺术家的使命，就是贴近现实，贴近自然，贴近社会，感受真实，发现、体味、揭示真实中的美，动用一切艺术手段，把用情感过滤提炼的美，传递给受众，在受众心里引起共鸣，使受众得到艺术享受。

泰戈尔在艺术各个领域均有建树，他集文学家、戏剧家、音乐家和画家的桂冠于一身。他达到的艺术高峰，是后人很难企及的。

然而，泰戈尔绝不是象牙之塔中不食人间烟火的印度仙人。我国著名学者季羡林先生在一篇文章中说："他关心自己民族的兴亡，反对殖民主义和帝国主义的掠夺，抗议英国的鸦片贸易，抗议法西斯的横暴，抗议日本军国主义分子侵华，关心周围的社会，同情弱小者、儿童和妇女，歌唱世界大同。他既是低眉慈目的菩萨，又是威猛怒目的金刚。"

在印度民族独立运动风起云涌的日子里，泰戈尔先后创作了数十首爱国歌曲。《金色的孟加拉》赞美锦绣田园，唱出对祖国母亲的深挚感情。"我决不容从异域舶来的绞索作为你颈上的首饰"，表达了印度人民砸碎殖民统治枷锁和争取民族独立的坚强决心。这些洋溢着爱国激情的歌曲，对当时的群众运动起过推波助澜的作用。

泰戈尔以敏锐的目光观察民族解放运动的艰难历程，揭示妨碍群众运动取得胜利的两大问题，即印度教徒和穆斯林之间的矛盾和印度社会的种姓隔离。他高瞻远瞩，指出"包容性"是印度历史遗产，呼吁各个政党以宽广的胸怀容纳不同政见，加强民族团结。他提醒印度人民：印度头上"悬垂一把分裂的巨剑"。由于殖民者的挑拨离间，以及一些政党领导人各打各的算盘，这把分裂之剑最终垂落下来，血淋淋地切割出两个国家——印度和巴基斯坦。1971年，由于当时巴基斯坦的某些领导人执行镇压政策，导致孟加拉脱离巴基斯坦，成为独立国家。泰戈尔在天有灵，看到在他世时的印度分裂为三个国家，想必也悲痛不已。

1890年，泰戈尔遵从父命，只身前往河流如网的孟加拉水乡，经管卡祖传庄田庄。他广泛接触贫民，目睹孟加拉农民的极端贫困和生存环境的恶劣，心中萌生了帮助他们脱贫致富的念头。经过深入考虑，他把创建合作社和兴办教育视为改变国家和群众命运的两条重要途径。

泰戈尔认为在利欲横流的凡世，应该唤醒与他人合群、在群体中活跃的人的本性。只要属于社会的人互相配合，社会中人人就能分享共同创造的丰硕成果。基于这种认识，他提出了建立合作社的构想，在斯里尼克坦进行集体农业发展的最初实验。泰戈尔的宏伟计划是在斯里尼克坦为印度树立几座模范村，继而在全国推广合作社制度，彻底消除贫困。尽管历史无情地宣告，泰戈尔那种不触动土地私有制的改良主义实验，未能取得期望的效果，合作社的种子未能在各地开花结果，但他希望国民共同富裕的美好理想，至今不乏现实意义。

泰戈尔认为愚昧无知是民族灾难的根由，铲除这个根由必须普及教育，提高群众的素质，从1901年开始，泰戈尔在圣蒂尼克坦实施他的教育计划。

泰戈尔创建的净修林般的学校，是一方净土。他倡导一种全新的师生关系。他强调学生和教师，不分贫富，应朝夕相处，亲如一家人。他深情地说："师生关系，应该是非常纯真的。给予知识，接受知识，双方之间的桥梁，是尊敬和慈爱。没有情谊的纽带，只有交易的关系，那么，接受知识者，是不幸的；传授知识者，也是不幸的。"泰戈尔触及本质的精辟论述，像一面镜子，照出了极少数人至今把教育当作挣钱手段，把学校变成商贸机构，巧立名目胡乱收费，甚至贪污犯罪的丑恶灵魂。

泰戈尔的人生观、世界观和许多政治观点源于印度古代典籍。他在《宗教经验》中说："我出生的家庭，站在印度一个伟大宗教的复苏运动的前列，《奥义书》中古圣先贤的精辟论述，是这个宗教的理论基础。"

泰戈尔在《奥义书中的梵天》等文章中，力图以"梵我合一"的哲学思想诠释各种自然现象，探讨人世痛苦的根源，揭示生死的内涵。

泰戈尔认为，神是外在的，又是内在的。神融于我，与我不可分离；神不单与我合一，也化于万象，于是万象之中亦有我。神不仅无处不在，而且无时不在，因而"我"也超越时空，生生不息，"我"来自亿万年前，延续到亿万年之后。泰戈尔宣扬的神，不光与"我"和自然合一，也在万民之中。对于民众来说，相信神即相信自己。欲挣脱厄运，不必脱离尘世，不必对偶像顶礼膜拜。

泰戈尔阐述的这种泛神论，无疑属于唯心主义范畴。但泰戈尔强调人的作用，强调人即神，膜拜神不如唤醒自身中沉睡的力量，这与把人的命运完全托付给上帝的宿命论相比，仍具有进步意义。此外，泰戈尔关于有限与无限，有形与无形，生与死，瞬息与永恒的哲理思考和表述，也不乏辩证因素。它鼓励人们从狭小的世俗樊笼中解脱出来，开阔视野，豁达胸襟，淡泊名利，以脱俗的目光看待纷乱世事。

泰戈尔曾十二次远涉重洋，访问包括中国在内的几十个国家。出访期间他发表的讲话，以及大量书信、游记，记录了他与各国人民的友谊、使他陶醉的异国风情和他对各国文化交流所起的推动作用。

泰戈尔深入研究历史发展规律，许多观点具有前瞻性，比如，他强调人类应与自然保持和谐关系，指出："人类把生命的物质还给土地，才能与土地进行正常的生命力的交换，欺骗土地就是欺骗人类自己。在土地的账本上，长时期只看到花销而看不到储蓄的记录，我们就应明白，离开破产为期不远了。"在自然环境遭到严重破坏，之后不得花巨资治理环境的今天，阅读泰戈尔的警示性论述，不能不佩服他的先见之明。

值得一提的是，泰戈尔对中国人民怀有特殊的真挚情感。他20岁那年在《婆罗蒂》杂志上发表著名文章《鸦片——运往中国的死亡》，揭露英国殖民主义者向中国倾锁鸦片，毒害中国人民的罪恶行径，对水深火热中的中国人民表示真诚同情。

泰戈尔是近代中印文化交流的奠基人之一。1924年，他应邀访问中国，在北京、杭州等地发表讲话，回顾中印两国对世界文明做出的巨大贡献，表达疏通蔓生着忘却的荒草的友谊大道的热切愿望。回国后，经过多年不懈努力，在他创办的国际大学成立了中国学院。首届开学典礼上，他发表热情洋溢的讲话《中国和印度》。泰戈尔为之倾注大量心血的这所学院，为印度培养了许多汉学专家，至今是汉语教学中心。

抗日战争爆发后，泰戈尔两次致信日本诗人野口，严正驳斥他为侵华日军烧杀抢掠的滔天罪行所作的狡辩。他预言："经过艰苦卓绝的斗争，胜利的种子正播入你们的心中，并将一次次证明，它是不朽的。"

泰戈尔虽未能亲眼看见中国人民抗战的胜利，但历史发展完全证实了他的预言。周恩来总理1957年参观国际大学时赞扬泰戈尔是"憎恨黑暗、争取光明的伟大印度人民的杰出代表，中国人民永远不能忘记泰戈尔对他们的热爱。中国人民也不能忘记泰戈尔对他们的艰苦的民族独立斗争所给予的支持。"

为了对这位中国人民的伟大朋友表达由衷敬意，笔者在广泛阅读的基础上汇编了诗人在政治、历史、社会、人生、文明和妇女等诸多领域富于哲理的诗性论述和深刻见解。希望本书有助于我国读者了解泰戈尔的博大胸襟和高洁人格，并获得认识世界和立身行事等方面的有益启迪。

白开元

中国情结

为牟取暴利，强迫整个中华民族吸毒，如此残忍的强盗行径，真是旷古未闻。

——鸦片——运往中国的死亡

多少年来，英国人在中国进行这种史无前例的贸易。中国不愿意要的东西，硬塞进他的口袋，同时从他另一个口袋掏走白花花的银子。这种赚钱的方法，若不称为抢劫，而称为贸易，那不过是披一件漂亮的外衣罢了。

——鸦片——运往中国的死亡

英国坐在亚洲最大的文明古国的胸脯上，把病菌似的毒品一点一滴注入他健全的肌体和灵魂，推着他走向死亡。一个强国向一个弱国出售死亡，出售毁灭，一方获取暴利，另一方损失惨重！

——鸦片——运往中国的死亡

在中国的鸦片贸易中，隐藏着龌龊卑鄙的动机，其中阴暗的偷窃心理比抢劫还要可恶。

——鸦片——运往中国的死亡

英国商人大肆贩卖鸦片，是出于轻易地征服中国的险恶用心。

——鸦片——运往中国的死亡

一个国家为牟取卑鄙的利益，满足对金钱的无限贪婪，迫使拥有亿万人口的中国，在政治、健康和社会道德诸方面走上了下坡路。

——鸦片——运往中国的死亡

英国人根本不讲什么道义，什么责任，什么良知，只有敛财的强烈欲望，这就是十九世纪他们的基督教文明！

——鸦片——运往中国的死亡

欧洲的文明火炬不是为欧洲之外非亲非故的民众照亮道路的，而是为放火的。

——岁月流逝

很久前的一天，炮弹和鸦片同时射落到中国的心田上。迄今为止，历史上任何时候任何地方，都没有发生这种骇人听闻的事件。

——岁月流逝

在人类历史上，英国最卑鄙的罪恶，是强行把鸦片塞进像中国这样大国的喉咙里。为了自己酒足饭饱，对别人如此凶狠，这是"文明"登峰造极的野蛮例子。

——写给阿米亚的信

码头工人的劳动仿佛是身体之琴弹奏的一支曲子。劳动时的每一个动作，美化了身体，与此同时，身体也美化了劳动。在这儿，劳动之诗和人体的韵律，雕塑般地在我面前出现了。

——途经香港

中国的伟大力量一旦有了现代载体，也就是说科学一旦为它掌握，世界上还有什么势力能够阻挡它？

——途经香港

目前，一些享受世界财富的民族，惧怕中国的崛起，千方百计阻止那一天的到来。

——途经香港

轮船左侧停泊着几艘中国帆船。船工和他的妻子、儿女以船为家，以驳运货物为生。他们驳运货物的场景是非常动人的。他们劳作的景象极为圣洁，胜利早晚属于他们。

——途经香港

回眸悠悠往昔，我看见印度大声宣告："你们是我们的兄弟。"

——在中国的演讲

不久的将来，我们又将为同属亚洲大陆而自豪，亚洲的阳光将穿透灾难的乌云，照亮生活的道路。

——在中国的演讲

几个世纪前来此定居的印度僧人，不仅发现此地与印度的山峦相像，而且发觉他与当地人心心相印。

——在中国的演讲

印度往中国派遣了爱的使者，他们不是商人，不是士兵，而是印度最优秀的儿子。他们横渡大海，穿越沙漠，带来了一份厚礼。这是古代印度人的一项光荣任务，一项在荆棘丛中开辟道路的任务。

——在中国的演讲

通过这次访华，中印两国将更加贴近，这不是为实现政治或商业的目的，仅是为无私的人类之爱。

——在中国的演讲

当我们认识到，团结是自然而然形成的，并无或好或坏的隐蔽的动机时，人类世界的一切误解便烟消云散。

——在中国的演讲

不管风云如何变幻，作为客人、朋友、兄弟，我们永远站在你们一边。

——在中国的演讲

你们带来的年轻生命的礼物，犹如天空的晨星，以希望之光辉映着你们国家未来的岁月。

——在中国的演讲

沐着照临古今芸芸众生的阳光，我们在生活领域中互相了解，互相合作。这是破浪前进的航船捎给黎明的喜讯，也是舒张的风帆对我描述的生命的自由。

——在中国的演讲

正如天空尚未破晓，晨鸟歌唱着宣告旭日升起，我的心歌唱着宣告：伟大的未来正向我们走来，离我们很近了。我们应当准备迎接这个新时代。

——在中国的演讲

某些聪明、傲岸、务实的人说，心地善良不是人的本性。

古往今来，人类互相厮杀，强者征服弱者。人类文明不可能有货真价实的道德基础。我们无法否认他们列举的事实：强者统治着人类世界，但我们拒绝承认这揭示了真理。

——在中国的演讲

科学也是真理。但当它帮助强者凌辱弱者，去抢劫熟睡的人的财物，那就是利用真理达到邪恶的目的。那些亵渎神圣的人，必将受到惩罚，难逃悲惨的下场，他们的武器回过头来将对付他们。

——在中国的演讲

爱泉曾经汩汩流过中国和印度毗连的心田，后来隐匿在我们记忆的深处。我也许能推倒忘却的屏障，我怀着这样的希望，来华访问。

——在中国的演讲

我们借用西方的科学技术，是正确的。但如果我们忘记我们智慧凝成的精神财富，忘记它比战争之路上生产大批材料和能量的体制，有更大的价值，那就是堕落，就是对我们祖先的侮辱。

——在中国的演讲

印度的许多历史遗产，实际上已僵化了，但在这儿，古印度的某些遗产，依然生意盎然。源自印度心灵的生命的大河，流过崇山峻岭，流过大漠，流到中国大地，沃泽了中国人的心田。

——在中国的演讲

中国确实有对秩序、对和平、对美的根深蒂固的热爱，这使中国能谛听有关印度对芸芸众生的无限热爱的讲述。

——在中国的演讲

我们来自印度，也要从你们的国土带走一些东西，但不是市场里的商品，而是几个世纪前播下的种子发芽、生长，结出的果实——和平、友谊和爱的果实。

——在中国的演讲

在东方，我们有些人认为，我们应该仿效西方，但我不敢苟同。西方创造的一切是为西方的，对它来说合情合理。可我们东方人不能租借西方思想和西方禀性。西方成为剥削者，咀嚼着剥削的果实，正一天天堕落。我们争取的是生存权。

——在中国的演讲

充盈完美特质的事物，属于整个人类。展露了美，它们不会被监禁。监禁，是不为上苍所容的亵渎。如果你们成功地创造包含对宾客热情的美，我，作为一个外国人，便在美的心中，找到我的安身之所。

——在中国的演讲

依仗武力，是野蛮的特性，盲信武力的民族，要么已经消亡，要么依旧野蛮。

——在中国的演讲

中国人民是伟大的人民，他们创造了美的世界。某些人对你们缺少敬意，剥削、欺负你们，明明借鉴过你们的文明成果和你们创造的优秀艺术作品，却死不认账。

——在中国的演讲

两个处于领先地位的国家相逢之时，不是战场上的死敌，宣称自己拥有成为世界霸主的权力；而是文雅的朋友，无比欣喜地交换礼品。

——中国和印度

我们没有政权、军权，也没有贸易权。但我们可以荣幸地和你们欢聚，作为你们的客人，作为你们的东道主，作为你们的兄弟和挚友。

——中国和印度

优秀的文化精神，使中国人民无私地钟爱万物，热爱人世的一切；赋予他们善良谦和的秉性，而未把他们变为物欲主义者。还有什么比这更值得珍惜的呢？

——中国和印度

我访问过中国，和东道主接触，可以感受到亲戚之间一种真情纽带，这种纽带不是靠王权维系的，也不是靠举起的大刀连接的。这种纽带只忍受自己的痛苦，不给别人痛苦。

——大印度

在极为陌生的人中间，凭诚挚的力量，可以培养极为纯洁的友谊，这种诚挚的力量，促成了印度和中国真正的永久关系。这样的真诚，在外国政治史上未获得立足之地。

——大印度

英国诗人的现代特性，在中国诗旁边是站不住脚的。它太脏了。

——现代诗歌

从中国诗人李白写诗算起，一千多年过去了。但仍可称他为现代诗人。他有一双刚刚观察过世界的眼睛。

011

——现代诗歌

中国和印度，同样沐浴着伟大复兴的曙光，即使在政治变革的岁月，也闪耀着两国对友好情谊记忆的光芒。

——在欢迎画家徐悲鸿仪式上的讲话

您的访问，将加强我们的力量，促使我们的努力更加接近成功。我期待我们两个邻国的大地上出现一个温暖时代，期待东方的历史力量坚定地宣告，它将保护我们大家不被蔓延的黑暗所笼罩。

——在欢迎画家徐悲鸿仪式上的讲话

日本采用从西方学到的野蛮方法，对中国人民发动一场残酷战争，践踏文明的一切道德原则。这铁的事实，是任何辩解也改变不了的。

——致日本诗人野口的信

中国是不可战胜的。突然面临一场残酷战争，中国以气贯长虹的英雄气概保卫自己的山河。它彻底觉醒的灵魂，不会因暂时的失利而沮丧。在完全受西方精神鼓动的日本军国主义势力面前，巍然屹立的中国显示着大大多于日本的高尚的道德精神。

——致日本诗人野口的信

我最大的同情给予勇敢而无辜的中国人民。他们最不应该却正经受到最大的苦难。他们从未对其他民族施以暴力，却成为暴力的受害者。他们被推进毁灭的深坑，但这深坑不是他们掘挖的。我希望他们能渡过这场灾难，重建伟大文明。

——人类丧失的遗产

日本在冒险中表面上取得的一些胜利，必将化为齑粉，并让它承载惨败的重荷。

——支持中国人民抗战的公开信

你们是当今世界上唯一的伟大人民，从不低三下四地赞美军事力量是什么民族精神的一种光荣特征。

——支持中国人民抗战的公开信

即使你们一时不能单凭膂力取得胜利，你们的精神成果也不会丧失，经过艰苦卓绝的斗争，胜利的种子正播入你们的心中，并将一次次证明，它是不朽的。

——支持中国人民抗战的公开信

中国是伟大的。您的人民所表现的英雄气概，是一部宏伟史诗。

——支持中国人民抗战的公开信

我访问过中国，以前不认识的东道主在我前额的吉祥痣上写了"你是我们的知音"。陌生的面纱不知不觉垂落了，心中出现永恒的人。出乎意料的亲密开启了欢乐的闸门。

——生辰集

　　我起了中国名字①，穿上中国服装。我深深地体会到：哪里有朋友，哪里就有新生。

——生辰集

---

　　① 梁启超为泰戈尔起的中国名字是"竺震旦"。

印 度

帷幕拉开，印度历史的第一场戏中，雅利安人对非雅利安人的仇恨，促成了雅利安人的内部团结。

——印度的历史潮流

和世界万物一样，雅利安人对非雅利安人的冲突也有两个方面，即"分"和"合"。按照世界韵律的规律，印度在自动延伸的道路上，逐步走向联合。

——印度的历史潮流

有些人以不懈努力成功促成了雅利安人和非雅利安人的融合，他们在我国至今被视为神明，受到祭拜。

——印度的历史潮流

在雅利安人的历史上，可看到扩张和缩小这两种现象。人一方面具有"特性"，另一方面又具有"共性"。在印度，这两方面的引力所起的作用，如不加以研究，就不能认知印度。

——印度的历史潮流

雅利安民族同化了从非雅利安人那里汲取的一切，使之适合自己的本性，慢慢铸造一个生机勃勃的民族实体，从此，雅利安人和非雅利安人和睦相处。

——印度的历史潮流

雅利安人的纯哲学与达罗毗荼人的艺术趣味和形象思维能力相结合，凝成一种特质。它不完全是雅利安人的，也不完全是非雅利安人的，它就是印度教。

——印度的历史潮流

在印度，雅利安文明是真实的，达罗毗荼文明也是真实的。

——学生的规章制度

印度的知识之河，主要在吠陀、往世书、佛教典籍和耆那教典这四条支流中流淌。

——知识的选择

印度历史所有的组成部分水乳交融，每个部分，成为一个生动躯体的一部分。这是印度历史的特质。它不是一个民族的历史，而是人类化合过程的历史。

——学生的规章制度

不同的时代，不同的民族，不同的文明，塑造了印度的历史。

——学生的规章制度

在净修林时代，印度与河流、田野、长空密切相连，推倒了它与树木、藤蔓、飞禽走兽之间的隔离墙，在无际的往昔中看见自己的灵魂。

——梵学书院

即便在悲惨岁月，争斗和残杀也未构成印度的主体。

——印度历史

梦幻般的改朝换代充满血腥，遥望血红的梦境遮掩下的印度，是看不到印度的真相的。

——印度历史

在毁灭之夜，莫卧儿帝国行将灭亡之际，在火葬场上，远道而来的一群"兀鹰"，玩弄狡诈伎俩，相互欺骗，厮杀。

——印度历史

英国殖民统治，犹如以五年为一格①的国际象棋的棋盘。其中的印度极为细小。事实上，它与真棋盘不同的是，它的黑格和白格的数量不一样，百分之九十是白格。

——印度历史

---

① 指英国总督的任期为五年。

在印度，较之打造国家"王座"，缔造一个大民族，更为重要。在印度社会中，宗教、语言和习俗的差别，可谓无穷无尽。这种千差万别，妨害国家的统一。

——印度教徒和穆斯林

印度历来着力做的一件事是：在差异中求一致；把不同的路引向同一个目标，深刻感悟多样性中的共性——不是铲平外部出现的一切差别，而是设法寻找其内在联系。

——印度历史

贪色、愤怒、贪婪、迷惘、狂妄和嫉妒，之所以被称为邪恶情绪，是因为它们可能使人走火入魔。人的自我迷失，就是人的毁灭。这些邪恶情绪，还可能导致民族衰落。

——在斯里尼克坦合作社成立纪念会上的讲话

把自己散落于"繁多"，不是印度的本性。印度的目的是寻求"单一"，把"繁多"凝聚于"单一"。印度最内在的真实性格，是让印度摆脱一切无意义的繁杂的重荷。

——印度的历史潮流

在众多中感受一致，在繁杂中建立统一——这是印度的内在特性。印度不认为差异是对立，不把外人想象为敌人。

——本国社会

印度想在一个庞大的体系中让每个人有立足之地。为此，它接受一切可行的道路，在自己的位置上能看见别人的高洁灵魂。

——本国社会

印度限制、分开社会的所有的竞争对手，形成统一的社会肌体，使之适合各种不同的工作。

——印度历史

加强团结，实现和谐，在和平与稳定的环境中，去争取完美的成熟与解脱，这就是印度的目标。

——印度历史

将外人变为自己人是需要大智慧的。在印度，可看到了这种大智慧。印度毫不犹豫地融入外人当中，又轻而易举地将外人的东西完全变成自己的东西。

——印度历史

印度作为将不同事物合为一体的楷模，立足于人类文明社会。这一点已为历史所证实。

——印度历史

不仅在社会制度中，在宗教政策中，印度也扩大团结和建立秩序。在赞歌、知识、爱情和事业中看到的实现全面和谐的努力，是印度所独有的。

——印度历史

印度承认、接纳所有的人。它在争论不休、充斥差异的世界面前，指明在宏大的一统之中看清每个成员的主要建树的道路。

——本国社会

在印度，过去用芭蕉叶盛饭吃，是不丢人的。只顾个人温饱，才是可耻的。

——本国社会

印度河流的交汇处，是朝觐的圣地。在我们眼里，河流是自然界性灵的化身，在交汇处，它们既是精神又是理想集结的象征。

——在中国的演讲

印度教文明融和各种各样的人。它没有抛弃任何人，而是将高贵低贱、种姓相同或不同的人，全紧密地维系在一起；并让所有人得到宗教庇护，把所有人约束在责任的轨道上，使他们脱离懈怠和堕落。

——印度社会

古代印度看轻享乐、利益，甚至看轻财富，把福善提升到社会中很高的位置上，这在全世界可以说是独一无二的。

——社会福利

人做善事，是为自己造福，这是印度的理念。

——社会福利

印度从不认为，不向财富女神借钱，艺术女神的席位的价值就一落千丈。

——教育的载体

印度让享受的浓度在亲友和邻居中间得到了稀释，并减少其复杂性，分配给各种各样的人。

——新年

对印度人而言，财产与享受不是个人专有的；慈善与教育事业是个人行为，一切责任落在个人的肩上。

——新年

印度从金光灿烂的天空，从干燥的灰蒙蒙的大地，从骄阳似火的中午，从黑得像试金石的万籁俱寂的夜晚，在自己的心里，获得博大的宁静和辽阔的沉寂。印度不是工作的奴隶。

——新年

依靠克制，依靠信心，依靠认真思考，印度不惧死亡的潜力，使人们的举止中有了文雅，在印度的骨髓里注入坚毅，促使印度人更坚定地去捍卫自己的信仰。

——新年

印度的"包容性"，拥有巨大能量。得到它和捍卫它是困难的。我们的先辈把"包容性"留给了印度。它和史诗《摩诃婆罗多》和《罗摩衍那》一样，是我们的民族财富。

——新年

这神圣的"包容性"吸引不了谁的心，谁就不能真正了解印度。

——新年

印度凭借自己的"包容性"保护了自己——谁也未能攻击它的核心部位。

——新年

如果说，这个世界上大人物和小人物之间的不平等是必然的，如果各地各种小人物人数居多，大人物居少，那么，

应当承认，为消除社会的多数人因缺少尊严而蒙受的羞辱，印度采取的举措是世界上最好的

——新年

在孟加拉分治导致形势极为紧张的日子里，一群青年采取行动，奋不顾身扑进毁灭之火。他们的失败闪烁着灵魂之光。

——真理的呼唤

当下应该认识到：印度的觉醒，是世界觉醒的一部分。

——真理的呼唤

印度的城镇、乡村中构建的生活模式，太古老了。适应不了新的环境，我们就只要死路一条。世界上那些消亡的民族就是这样走上绝路的。

——国家的向导

印度怀着以无欲的善行教育整个社会的强烈激情，把无知也当作最好的知识。它忘了，获利的事情，可以盲目地做，可善事不能这样做。

——民众福利

印度的传统宗教以家庭生活为基础，在印度，抛妻别子的宗教是无稽之谈。

——爪哇通信

印度每个圣地的重要作用，是让各邦的朝觐者深切认识到有一个大于他所在邦的祖国。圣地是让人直接感觉到印度的最广泛的民族团结的所在。

——文学之路

不是通过军队，通过武器，通过掠夺，通过压迫，而是通过牺牲，通过受苦，通过友情，通过灵魂，印度对世界宣传神圣的福音，印度没有骄傲地把抢劫的故事用特大号字母写在自己的历史书上。

——大印度

在印度，也许以前某些人高举征服四方的大旗，立下了战胜其他民族和国家的功勋。但印度不像其他国家拨着历史的念珠虔诚地怀念他们。

——大印度

026　　印度的贫困包含人性，社会中大家分享幸福、健康、知识和娱乐。穷人的孩子可以免交学费，在富人庙堂里的私塾读书。

——大学议案

印度社会过去主要是农村社会。这种关系密切的农村社会中，个人财富与社会财富是融洽的。

——俄国书简

完美，是印度由衷的追求。印度不冷淡完美，不相信完美脱离现实。印度承认它是生动的真实，并为此感到欣喜。

——罗摩衍那

我们不公正地对待被我们压在低层的人。我们在一个国家，可我们不是一个国家的人。

——在斯里尼克坦节日庆典上的讲话

纵观历史，一批批夷人一次次以武力占领印度，他们插在印度土地上的旌旗，一一倾倒，化为尘土。

——甘地的绝食斗争

使印度低下了头的，不是贫穷，而是能力欠缺。大神从不原谅庸才。

——教育和文化

昔日的卑贱者今日使高贵者一事无成，我们打击的下层人，给予我们最大的打击

——甘地的绝食斗争

在印度阴暗的一面，麇集那么多狭隘的桎梏、庸俗的喧嚣、卑劣的欺诈。可在印度光明的一面，却有宏伟的圣坛和

源源不断送来的"无限"的请柬。

——爪哇通信

印度在子夜时分沉重灾难的黑暗中，也从不向黑暗投降。种种古怪的噩梦的磐石，压在它的胸口，妄图使它窒息。印度不时奋力推开那磐石，在质朴的真理中苏醒过来。

——印度的历史潮流

爱国情怀

金色的孟加拉，我爱你，你的碧空你的和风在我心中永远吹奏情笛。

——爱国歌集

母亲，我匍匐在你的足下向你顶礼，赏赐我你足上的尘粒，那是我桂冠上宝石。母亲，穷人所有的财富，敬献在你的足前，母亲，我决不容从异域舶来的绞索作为你颈上的首饰。

——爱国歌集

我们与印度紧密相连。这种联系，是延续数千年的历史纽带，一旦消失，我们的心就无家可归了。

——印度历史

我们不是印度的杂草。历经千百个世纪，我们成千上万条根，已深深扎进印度的心田。

——印度历史

雨点吻着泥土，轻声说："我们是你想家的孩子，母亲，从天国回到你身边来了。"

——飞鸟集

我们的泥土母亲，在它生长金色作物的农田，在它仁慈的河流两旁，在交织着苦乐、爱情的村寨里，把千千万万贫困的人心中泪水的珍宝装在怀里送来了。

——孟加拉风光

我深爱这片热土，可她脸上是广袤的愁容。

——孟加拉风光

我贫苦的母亲是如此无助，如此孤苦，有着那么多的缺憾，终日怕失去爱而忧心忡忡，为此我仇视天堂，更加爱她的茅舍。

——孟加拉风光

印度庄严的号召，时刻在我们的胸中回响，我们正不自觉地一步一步朝她走去。

——本国社会

宣誓吧，我们决不把祖国的利益出卖给别人，决不会甘愿像早熟的南瓜，让人一脚从堕落的梯子上踢下来，骨碌碌滚进耻辱的泥坑。

——本国社会

如果我们承认赢得祖国的心是我们的最高利益，就应把通往祖国的一条条宽广大道，展现在人们面前。

——本国社会

我们印度人从不疏远一贫如洗的远亲，让他们沦为乞丐。对待亲戚尚且如此，难道我们还会说我们承担不了祖国母亲的责任？

——本国社会

祖国的土地、河流和天空，是我身躯的扩展。她的健康是我的健康。全国同胞交织着苦乐的心，是我这颗心的延伸。它的强健是我的强健。

——杜尔迦大祭节

不管通过不通过什么法律，不管英国人听不听我们伤感的话，我们的祖国，永远是我们的祖国，是我们父辈的祖国，是我们儿女的祖国，是赐给我生命、力量和财富的祖国。

——杜尔迦大祭节

033

我们不会被任何虚假的承诺所迷惑，我们不会听别人说几句话就出卖祖国。

——杜尔迦大祭节

没有人否认我们受到奴役。但正因为受到奴役，我们才争取独立，心中感到无比自豪。

——有形祭祀与无形祭祀

权力认为牺牲品的挣扎是忘恩负义。

——飞鸟集

我们如果成了西方的鹦鹉，老背主人教的话，那只会引起路上行人片时的惊讶和好奇，在世界上毫无用处。

——东方与西方

全人类期望我们用自己的声音说话。如果辜负人类的期望，在人类面前就没有我们的尊严。

——东方与西方

034　　　我们是英国人统治的庶民，但我们的天性不是他们的奴隶。受到打击，我们同样感到疼痛。英国人把千百只眼睛瞪得血红，也不能流放我们的天性。

——掐住喉咙

我来参加集会不为别的，是要代表我国同胞警告帝国统治者：不管英帝国多么强大，丧失自尊在他是最软弱的根由。凭借上苍赋予的权力，国民在心中审判国王的时刻，他有什么神通免受审判?!

——在抗议枪杀政治犯集会上讲话

你是否真爱国，最终的考察，看你能否为国捐躯。

——印度历史

听到死亡的呼唤，立刻响应的人，绝不回头看一眼世代人们追求的幸福，可幸福认识他们，眷顾他们。

—— 无所畏惧

惨案举着血迹斑斑的受责的旗子，我们的严厉谴责最快也达不到它的高度。我们受害的兄弟承受了剧痛，我们要准备和他们一样忍受更大的痛苦和牺牲。

——在抗议枪杀政治犯集会上讲话

我不支持把任何罪人关在死寂的监狱里，或流放到安达曼岛上。那些身居国民代表位置的人，坐在高高的统治舞台上，如果表示支持，我将在台下对他们提出抗议。

——惩罚条例

英国人杀害了许多无辜的印度人。在英国人的法院里审理那些杀人案件，没有一个英国人被判有罪。印度人和英国人的生命，在坚固的绞刑架上称出同样的分量，英国人心里或许认为是政治阴谋。

——印度人与英国人的生命

母亲，现在吹响你的号角，点亮你的灯吧，我们大大小小所有兄弟在你铺开的凉席上团聚，你准备用含泪的祝福祝他们成功吧。

——对学生的讲话

认知祖国，是爱国的第一个标记和首项任务。不了解祖国，是做不成一件事情的。认知的过程，就是爱的过程。

——文学会议

只要认识到祖国的任何东西并非微不足道，而能亲自观察、倾听讲解和理解祖国的万物，就能走向真正的爱国，并作好为国效力的准备。

——文学会议

只要我们不了解印度，不以自己的力量赢得印度，印度就不是我们的国家。

——在斯里尼克坦合作社成立纪念会上的讲话

把祖国的生命当作自己的生命，这是我们回到自己祖国的标志。

——在斯里尼克坦合作社成立纪念会上的讲话

我们要用国货，这应成为全体印度人的誓言！这是认知母亲祖国的最好办法！

——在斯里尼克坦合作社成立纪念会上的讲话

圣雄甘地缓步走来，站在印度亿万穷人的门口。他穿着和他们一样的衣服，用他们的语言和他们交谈。所以，"圣雄"这个名字，对他来说，是名副其实的名字。

——真理的呼唤

甘地以他的真爱赢得了印度的心，在这一点上，我们大家都不如他。

——真理的呼唤

圣雄甘地没有钱财，也没有过人的臂力，但有一颗纯洁的心，有精神力量。他不让自己离群索居。他是我们的人，我们也是他的人。

——在斯里尼克坦年度庆祝会上对村民的讲话

许多人比甘地聪明，比甘地知识渊博，比甘地富有。但印度看重的是奉献财富。印度人需要的不是学识，不是金钱，而是心灵财富。

——在斯里尼克坦年度庆祝会上对村民的讲话

英国的贪婪攫夺了印度，而英国的灵魂失去了印度。

——西行日记

我是我的降生之地——灾难深重的辽阔大地的贫穷儿子。今生今世领略的欢乐和悲酸已足以表明，我荣幸无比。

——金色船集

啊，母亲，你的幸福残缺不全。你创造的一切被破坏殆尽，饕餮的死亡伸出可怕的手掌。满足各种要求，你有心无门。为此谁忍心离开你温暖的胸膛？

——金色船集

不管横架云天的彩虹多么宏丽，我还是喜欢我国土上蛱蝶的纤翼。

——火花集

他们血红的眼睛愈是凶狠，我们的目光愈加敏锐。他们的铁链愈是冷硬，更多的锁链定将粉碎。

——爱国歌曲集

他们愈是残酷镇压，反抗的浪潮愈加汹涌澎湃。

——爱国歌曲集

嗜血的武器赢得一次胜利，武器之神最虔诚的信徒遭到一次失败。

——火花集

填平贵贱的鸿沟！擦去愧悔的泪水！身边看见自己的兄弟，心中升起新的希冀。我们汇成浩瀚的人海，簇拥在祖国母亲的身边，亿万兄弟无比亲密！

——爱国歌曲集

文 明

火是森林最贵重的礼品。森林后来把从阳光采集的火，献给人类。文明至今举着火炬阔步向前。

——在斯里尼克坦春耕节上的讲话

在人类文明史上，是农业首先奠定了道德的基础。农业尾随着火，踏上文明的阶梯。

——在斯里尼克坦春耕节上的讲话

人之所以有人性，是因为他活着不只为满足生活需要，人的文明超越谋生手段。文明最饱满的作物，收获于"情趣"的农田里，人的文明的某一部分应容纳"情趣"。

——俄罗斯书简

在希腊、罗马、巴比伦等所有古老文明的元初时期，均发生过民族冲突。在这种迅快的冲突中，一个人在他人中间穿过，又回到自己人中间，才完全觉醒。在这种冲突中，人从单一发展走向多元发展。这就是文明。

——印度的历史潮流

野蛮民族称之为美而倍加珍惜的物品，被文明民族抛到一边。主要原因是，文明人的心灵从不待在野蛮人心灵所在的狭小范围之中。

——美感

在身心内外，在时光和空间里，文明民族的世界极其宏阔，它的组成部分极其丰富多彩。所以，野蛮人的世界和文明人的世界里，事物的标准和分量，是不一样的。

——美感

希腊曾经登上文明顶峰。希腊的歌舞、绘画和戏剧艺术无与伦比的魅力，不仅属于某个群体，也属于全人类。

——在斯里尼克坦艺术馆揭幕仪式上的讲话

文明这个单词的含义，是在群体中找到自我，在众人中认识自我。换言之，人的展现之光，不是射入个我之内，而是射入众人的聚合之中。

——国际大学

以道义为基础的东方文明之路，像刀刃那般艰险难行，东方文明不是小学教材，而是终生探索的课题。

——大学议案

欧洲文明依附的一致，是对抗性的一致，而印度文明依附的一致，是团聚性的一致。

——印度历史

在西方国家，大量的野蛮打着文明的旗号，招摇过市。

—— 社会福利

按照历史的某种无形规则，国内外文明以某种思想为基础，具体确定却是困难的，但可以肯定的是，哪种思想伤害比它更高尚的思想，它的死期就不远了。

——东方文明与西方文明

欧洲文明过分强调国家利益，导致它渐渐恣意妄为，践踏永恒正道。上世纪的平等友谊，如今成了欧洲嘲讽的口头禅。在基督教传教士的口中，"兄弟"一词中已没有手足之情的味道。

——东方文明与西方文明

古希腊和古罗马文明的根本，是国家利益。所以，随着国家高大形象的泯灭，希腊文明和罗马文明堕落了。

——东方文明与西方文明

印度教文明不是建立在国家统一基础上的。因而我们无论在自由或者被人奴役的时候，可以在社会内部使印度教文明重新复苏。

——东方文明与西方文明

印度文明发源于丛林，而不是在都市，这是一种奇特现象。

——净修林

印度文明最初惊人发展的地域，人口不多，林木、河流、湖泊获得足够机会与人相处。那儿，有人，有空阔，唯独没有人群拥挤。但空阔不曾迟钝印度的心，反而辉煌了它的思想。

——净修林

印度教文明曾经朝气蓬勃，渡越沧海，拥有藩属，无往而不胜，既给予也收纳。它拥有艺术，拥有贸易。它的劳作之河，宽阔而湍急。它的历史上，不断涌现新理论，曾有进行社会革命和宗教革命的领地。

——印度教大学

印度教文明的根基是社会。人在社会的崇高中获得尊严，在国家政策的崇高中也能获得尊严。

——东方文明与西方文明

如果认为以欧洲的模具铸造国家，是文明的唯一特性，是人性的唯一目标——这样的理解是错误的。

——东方文明与西方文明

以团结为基础的文明，是人类社会的最高文明，印度历来用各种不同的材料夯实文明的基础。

——印度历史

印度接纳得那么多，要想保护自己，就必须在堆积的东西之中，建立自己的制度和秩序。不能放任自流，像斗兽场上的群兽那样相互扑咬。

——印度历史

满足和不争强好胜确是欧洲文明死亡的原因，但它却是我们文明的基石。

——新年

自古以来，文明社会的一部分人默默无闻。他们人数众多，却是别人的工具。他们是文明的灯台，头顶着华灯笔直地伫立着，上层人享受光明，油滴顺着他们的躯体滚落。

——俄罗斯书简

灯红酒绿若被认为是文明的标志，那肯定是吃人的文明。

——西行日记

当对成果的贪婪在文明中心占据主要席位时，文明中人的精神纽带就断裂了。

——教育的汇合

"文明"获得的财富和物质力量越多，越是扩展生活便利，就越是削弱人真实的灵魂。

——教育的汇合

现代文明，即西方文明的基石某一天将突然瑟瑟发抖。显然，发抖的原因不只在某个地区，也不是短暂的。其原因遍布世界。

——真理的呼唤

贪婪已成为坐在西方文明的心座上的国王。

——教育的汇合

自己尽力对自己展示日益增长的才华，是文明民族历史上的一大亮点。这种努力的目的，是使自己的才华摆脱狭小的时空限制。

——在大印度协会举行的欢送仪式上的讲话

只有交易关系存在的地方，人获得的大量成果是外在成果，即巨大利润，但这并非文明的高度升华。

——在大印度协会举行的欢送仪式上的讲话

我所说的朴素，是完美的意蕴之一，不是指豪华的缺失部分。那意蕴显现的时候，在文明的天空，物质之雾的污秽，眼看着就会消散。

——教育的载体

有些文明的多种走向是紊乱的、交错的，其工厂、材料遍布各地，迷惑我们脆弱的心。

——《奥义书》中的梵天

有些文明以简单方式有序地把自己的各种体系传播到各地，是货真价实的先进文明。不管"复杂"的外表如何艳丽，其实它是一种软弱，是无所作为。而简朴才是完美。

——《奥义书》中的梵天

049

歌曲、食品、娱乐、教育、王国统治、法律法院等等，这一切在文明国家极为复杂，这一切占据了人们身心内外的许多地方，大部分负担是多余的。

——教育的载体

人承受沉重负担，显示的是体力，而不是能力。因此，大神观察呈现的"文明"，看见它像不熟练的魔鬼在游泳，手脚乱划乱蹬，把水搅浑，水面上浮着白泡沫。

——教育的载体

世界上一次次崛起的文明，又一次次消泯。它们像被团圆的炽热吸引在一起的繁星，熠熠闪光，在茫茫宇宙中展示自己。

——在斯里尼克坦群众大会上的讲话

在人类文明的历史长河中，某些文明的履历消失在黑暗中。探寻它们灭绝的原委，可以发现，它们受到了欲望的袭击，导致人际关系在贪婪和幻想中逐渐松懈。

——在斯里尼克坦群众大会上的讲话

当人们提升的文明触摸云天时，胜利的狂傲和对物质的贪婪，使他们忘记，文明的提升，受到界限的法则的限制。

——在斯里尼克坦群众大会上的讲话

在界限之内，文明是美的，是造福的。世界的法规，从不宽恕反抗适当界限的过度狂妄。那样的狂妄，出现在几乎所有文明的后期，并带来毁灭。

——在斯里尼克坦群众大会上的讲话

人类文明的主要生命力，是为社会造福的智慧。欲望变得极为强烈时，人们的竞争中，势必产生不平衡。只有人的友情和为社会造福的自觉性，能够阻止这样的不平衡。

——在斯里尼克坦群众大会上的讲话

在现代文明中，我们看到，一个地方，一群人付出全部精力在生产粮食，可在另一个地方，另一群人享用粮食，延长他们的生命。

——在斯里尼克坦群众大会上的讲话

在粮食和财富之路上，造成了人们最大的悬殊。在这种悬殊之上建造的文明大厦，是不能长存的。

——在斯里尼克坦群众大会上的讲话

创造财富和分配财富之间隐藏的裂缝，日趋扩大。文明的交易中，人们未偿还的债务，如今张开了吞噬的巨口。既要赖账，又要保护自身，这恐怕是痴心妄想。

——在斯里尼克坦群众大会上的讲话

051

有些人应有尽有，可另一些人一无所有，在这种失衡的冲击下，文明之舟倾覆了。严重的不平等，导致毁灭。眼下，到处听见从地下传来的毁灭的吼声。

——在斯里尼克坦群众大会上的讲话

简约、质朴、淡泊，是名副其实的文明。摆阔气讲排场，是粗俗的表现。事实上，它是一堆大汗淋漓的"无能"的垃圾。

—— 教育问题

英国文明躯体的每个部位无不昂贵，从娱乐到格斗，每项活动花钱惊人，金钱是强力的象征，对金钱的膜拜使其他膜拜黯然失色。

—— 大学议案

不可触及，不可企及，错综复杂，是欧洲文明的最大弱点。

——大学议案

长期以来，由男人肩负创造人类文明的重任。男人们建立了与文明相配的政治、经济和社会的体制。妇女在他们身后，默默无闻，在深宅大院里只做家务。这样的文明是片面的，造成了心灵财富的严重短缺。

——婚姻制度

世界上像印度的恒河、埃及的尼罗河和中国的长江的大江大河，数量很少。这些河流和母亲一样，养育着大国的广袤大地。它们也像以乳汁喂养一个个古代文明的奶妈。

——文学创作

古雅利安文明的一条支流流向欧洲，另一条支流流向印度。两条支流分别以两大史诗保护了各自的话语和歌曲。

——罗摩衍那

物质至上、力量至上的文明不是唯一的文明，正道至上和福祉至上的文明比它好得多。后一种文明，我们曾经拥有，了解了这一点，我们应当昂首挺胸，满怀希望。

——中国人的信

看到我们的古老文明能够传播到中国和日本，我们就会明白，印度的古老文明在人性中享有崇高地位，它绝对不仅仅是经典中的文字。

——中国人的信

如果我们看到，中国和日本在印度古老文明中感受到了成功，那么我们就会懂得，我们的财富究竟在哪里。

——中国人的信

053

真正的文明的重生，不是来自对那种造成隔阂和破坏的权力的拼死追逐，而是来自内心情感的表露，这样的表露是高尚而常新的。

——在欢迎画家徐悲鸿仪式上的讲话

伟大的人类社会，是梦想家而不是奸商的创造。亿万富翁生产数不清的一堆堆商品，却未创造伟大文明。正是他们，到处破坏别人创造的文明。

——在中国的演讲

只有合作和博爱，相互信任和相互支持，能带来文明的进步和强大。

——在中国的演讲

如今，啖食人肉的残暴，堂而皇之地戴着伟力的文明和无比聪慧的文雅面纱。纯粹的科学世界，不是真实的世界，而是没有人情味的虚幻世界。

——在中国的演讲

054

特别需要加以维护的，不是风俗习惯，而是道德力量。道德力量能够提高我们文明的质量，使之受到广泛尊重。

——中国和印度

我愿援引中国的先哲老子的一句名言：有德司契，无德司彻。与内在理想无关而与外在诱惑勾连的所谓进步，追寻着无穷利欲的满足。然而,文明是一种理想,能给予我们尽责的力量和快乐。

——中国和印度

印度一百多年来不得不为英国提供了大量财富。我专注地回顾文明世界的业绩的时候,无法想象打着文明旗号的人类理想会有如此悲惨的变态。这种变态暴露了文明国家对别国亿万群众的无限冷漠和鄙夷。

——文明的危机

苏联的劳动群众荡涤着辽阔的沙俄帝国的愚昧、贫穷和自卑自贱。他们的文明捐弃民族歧视,处处扩展着真挚的人际关系。

——文明的危机

印度胸脯上压着英国文明统治的磐石,坠入一筹莫展的停滞的困境。

——文明的危机

今日,我冷静地回顾了对欧洲国家的天然文明的信任逐步丧失的可悲过程。推行"文明"统治,导致印度目前最深重的灾难。

——文明的危机

外国人的文明，你愿意称之为文明的话，我深知它掠夺了我们的什么珍异。

——文明的危机

西方国家的文明已没有慎重对待民愤民怨的耐心，它向我们显示的是武力而不是自由的本相。实际上，人与人的关系最为珍贵，堪称真正的文明。

——文明的危机

最近，在整个欧洲，野蛮张牙舞扑，散布着恐惧。折磨人类的瘟疫，在西方文明的骨髓里复活，凌辱着人类，侵染着山川平原上吹拂的和风。

——文明的危机

在人生的起点，我由衷地相信欧洲心中的宝藏是文明的贡献。可是在行将辞别人世之际，我的相信彻底破产了。

——文明的危机

我坚信救世主即将诞生在贫穷困扰的茅屋里，我期待他走出东方的地平线，携来文明的福音，对人类做出可信的承诺。

——文明的危机

我的人生之舟向彼岸驰去。背后的码头上我看见了什么？
是历史残剩的微不足道的文明的废墟。

——文明的危机

人类的历史忍耐着等待被侮辱者的胜利。

——飞鸟集

人 生

过群体生活是人的本性。与世隔绝的人不可能是完人。和各种各样的人交往，一个人才能臻于完美。

——合作社

张扬与人合群、在群体中活动的人的本性，有利于身心健康和施展才华。

——合作社

看不见兄弟的黑暗里，人像瞎子看不见自己。

——火花集

贪婪、暴怒、痴心妄想缘何被视为人之大敌呢？因为这些情绪在群体或一个人心里占了上风，势必害人害己。

——合作社 061

贪婪者夸大私利，缩小别人的权利，惯于损人利己。他们既是别人也是自己的敌人，更是人在群众中达到完美境界的绊脚石。

——合作社

获得灵魂的解脱，即摆脱私利的桎梏和邪念的桎梏的解脱，是我们的人生追求。这样的解脱，不是无能为力和无所作为的代名词。

——国际大学

解脱带来的是淡泊，而不是贪欲；它使心灵无畏，使劳作洁净，能消除贪婪和幻觉。

——国际大学

谋生的目标向来只以匮乏和需求为中心。而人生目标以完美为中心，超越一切需求。

——国际大学

任何理想不是只为吃饱肚子，不是只为挣钱，不承认这一点，我们是非常渺小的。

——国际大学

人生之路从来就不是一条直线。它像一条河，内外受到各种阻力，受各种逼迫，弯弯曲曲，向前奔流；而不像挖的运河，笔直地流淌。

——教育方法

有时人自恃强大，如疯似狂，有时则感到自己是个草包，萎靡不振。在其中的一种情况下，人朝一个方向倾倒，用力把他拉向另一个方向，对他来说就是良好教育。

——教育方法

一个人知道自己的特长，就会努力攀登人生高峰。而一个人不珍惜自己的特长，就会自暴自弃，随波逐流。

——印度教大学

婴儿啼哭宣告自己存在的那一刻，陆地河流天空以及父母立即发出欢呼。然而，还有另一种诞生，也就是她要诞生于人类社会。起名字的日子就是她另一个生日。

——起名字

婴儿呱呱坠地时，父母立即承认她是他们的骨肉。可是，她不仅属于父母，也属于全社会，亿万人的劳作、知识和爱情的巨大宝库是为她建造的。

——起名字

人看清本相的那天，获得撕碎渺小之网的力量，不承认既得利益是人生目标，并接受永久的福祉，认为它原本就是属于自己的。

——起名字

真正理解人的伟人的心目中，我们不是俗人，他对我们说："你们是天堂的儿女。"

——起名字

在印度，为孩子起名字的同时，第一次让他吃饭，这两者有深刻的内在联系。婴儿只占据母怀的日子，乳汁是他的食物，不容他人分享。孩子有了姓名之躯，进入人类社会，开始品尝民众的食物。

——起名字

人类对婴儿说："我承认我拥有的一切也有你的一份。你将听懂名人的格言，享受伟人修行的成果，英雄慷慨献身将完美你的人生，工人开辟的道路上将继续你的人生旅程。

——起名字

人天生是个孩子，他的力量不断增长。

——飞鸟集

064

每个出生的孩子带来这条信息：神明对人类还没有失望。

——飞鸟集

人不只诞生在一个领域，也就是说，他不仅生在自然界，也生在福善天地；不仅生在生灵的世界，也生在慈爱和欢乐世界。

——起名字

要使名字富于尊严，凭借美感和圣洁在人们心中获得不朽席位。但愿肉体消失的那一天，姓名之躯依然在人类社会的心殿闪闪发光。

——起名字

幼儿居住的质朴的天堂，是美的，完整的，但也是窄小的。

——沙恭达罗

走出童年的安宁，不进入凡世的矛盾动荡之中，就休想品尝到暮年完满的安恬。

——沙恭达罗

教幼儿走路，要允许他摔跤。若不允许，最好的办法，是一直到晚年把他抱在怀里走路。那样做，他倒是不跌倒了，可走路的方法永远学不会。

——陋习的折磨

完成了自我奉献，我们才完全获得自我。否则，名为自我的一块奇怪幕布，就会被误认为是极终之物。

——国际大学

天帝的恩赐温暖人心，但不培养傲慢。我们可以为口袋里的几角钱洋洋得意，但天帝在碧空普洒金色阳光，这笔巨大的债务，我们永世偿还不清。

——国际大学

别人表达的敬意是无价的，收下时我只能垂首，不能昂首。

——国际大学

人到了二十七岁，他的天赋基本上可以看清楚了，他有多大作为，已显露端倪，八九不离十，他的人生走向大致定格了，一生中不大可能骤然出现奇迹。

——孟加拉风光

痛苦是暂时的，可忘却是永恒的。在一次次离别和诀别之际，人蓦然省悟，痛苦是刻骨铭心的真实，并认识到，只有在幻觉中才能无忧无虑。

——孟加拉风光

我们不可能长生不老，也不会留在任何人的记忆之中！说真的，除了孟加拉流行的悲凉的民间曲调，没有一首歌会伴随所有的人，伴随世世代代的人。

——孟加拉风光

人世间，假如只有纯粹的女人和纯粹的男人，他们就不能交融了。其实，男女彼此理解，是没有障碍的。不过，在各自的权限之内，保持自己的特性，是可能的。

——写给赫蒙达芭拉的信

男人秉性中，男人是主要的，女人是次要的。而女人的性格中，恰恰相反。通常就是这样。否则，人世的天平就不能平衡。

——写给赫蒙达芭拉的信

男人只有强化自己的性格，才能功成名遂。反之，就会变得软弱，断送人生理想。

——写给赫蒙达芭拉的信

真正的男人凭借智慧、学识和勇气，坚忍不拔，克服一切艰难险阻，把创造推向成功的顶峰。依靠这种男人，才能维护凡世的健康社会、安宁、财富和自尊。

——写给赫蒙达芭拉的信

一个人是一个谜，人是不可知的。人独自在自己的奥秘中流连，没有旅伴。

——最后的星期集

人的光荣不在于与世界的脱离，人伟大是因为人中间蕴藏世界的全部神奇。

——春天的遐想

不光是往昔和今时之间，人与人之间，也有深不可测的分离之壑。

——云使

我们期望与之团聚的人，住在心灵之湖的不可前往的湖边，没有凡躯抵达那儿的路，只能往那儿派遣想象。

——云使

一个个日子进入我的生活，有的日子被朝阳和夕阳染红，有的日子因浓云而变得凉爽，有的日子在满月下像洁白的花儿一样绽放。

——孟加拉风光

迦梨陀娑赞美的日子，这《云使》生动描绘的日子，在我的人生中消失殆尽。每每深刻认识到这一点，我就想再次满怀深情地注望这个世界，更自觉地迎接一生中每一天的日出，像送别挚友一样送别每一天的日落。

——孟加拉风光

在人的语法中，只有"关系格"，没有"Possessive Case"（所有格）。

——孟加拉风光

我们和躯体和心灵保持着关系，可对它们也不拥有权力。

——孟加拉风光

人生和演戏，有许多相同之处。我们在上演一出大戏，每个人的表演，丰富着这出戏的故事。

——孟加拉风光

每天，成千上万的演员，默默无闻的也罢，声名远扬的也罢，一一登上舞台，一一退出舞台。有的人与这出戏关系多一些，有的人关系则少一些。有的人知道，自己表演的一部分与整个剧目有多大关系，有的人则一无所知。

——孟加拉风光

凡世的两个人多大程度上是息息相通的呢？也许，终生相识，两者关系之资本，算一算，数量也不是很大。从这个角度而言，周围的人全是陌生人。

——孟加拉风光

我们的亿万先人，在阳光灿烂的蓝天下，也曾在人生的驿馆之中相聚，拱手作别，彼此遗忘，消失得无影无踪。

——孟加拉风光

有些人的心中自然就萌生了断绝红尘的念头。不过，我却反其道而行之，有了更加广泛地观察、更加深入了解凡世的欲望。

——孟加拉风光

人类历史长河的一瞬间，发生数百年的离合。

——孟加拉风光

我们几个生灵像物质之海的水泡，漂到一个地方，这神奇的相聚之中，内蕴多大的奇迹和欢乐呀，今后几百个时代中也未必有类似的相聚。

——孟加拉风光

在外面的人流、事件和一连串的日常事务不用时刻核算的所在，像梦似的，极短的片刻变成漫长的时光，漫长的时光变成极短的片刻。

——孟加拉风光

我们的一生和一生的悲欢，不过是一瞬间的事儿。我们觉得非常漫长非常显赫的东西，只消在人世的水桶里抬头那一会儿工夫，就像瞬息的梦一样，变得微不足道。

——孟加拉风光

肉体早晚是一撮黄土，心灵的璧玉长存于"美"的琼阁。

——火花集

流光是没有贵贱之分的，有贵贱之分的是我们凡人。

——孟加拉风光

乐谱有休止符，诗行有停顿，正在写的这篇文章中，句号的重要性绝不亚于文章的其他部分。人的一生中，也总会有停歇之时。

——孟加拉风光

弃绝并不意味着贫困。我们不能说，水果脱离枝条落到地上是失败。在地上，它奋斗的形式和领域发生了变化，接下来是更大的诞生的酝酿期，是从外界进入泥土的旅程。

——孟加拉风光

消费和施舍的过程中，"积蓄"不断消耗自身，可这时"积蓄"以一种形式罄空，却以另一种形式获得成功。哪儿没有"积蓄"有益的罄空，哪儿必然产生无耻的悭吝。

——孟加拉风光

在博取权位的同时，应该记住：完美了权位，就应把它放弃。

——孟加拉风光

我们是踩着一个个瞬息，走完人生旅程的。但总的来说，人的一切渺小之极，平静地思考的两个小时，可以容纳人生的全部内容。

——孟加拉风光

人生就是如此，实实在在是渺小的！然而，它包含多少苦斗，多少忧思啊！

——孟加拉风光

人的第一个故乡，是地球。人的栖息地是共同的。它不属于某个民族，而属于全人类。对人来说，地球上没有一个地方不能抵达。地球对人类敞开它的心扉。

——故乡

人的第二个故乡是回忆世界。人们用从往昔获得的先人的故事，建造时光之巢。这个时光之巢，是用回忆建成的。巢里装的不是某个民族的故事，而是全人类的故事。

——故 乡

精神世界，是人第三个故乡。可称之为所有心灵的大陆。心灵世界，是每个人心中交流的场所。

——故 乡

人心的一个领地，对所有人心是敞开的。

——故 乡

飞鸟希望变成一片云彩。
云彩希望变成一只飞鸟。

——飞鸟集

不要因为你没有食欲而责备你的饭菜。

——飞鸟集

不可为唱人的赞歌而把真实削斫！

—— 火花集

人类中有海的沉默，有地上的喧嚣，也有空中的歌声。

——飞鸟集

人像一条河，带着此岸彼岸向前流淌；他的个性和其他所有人的共性，就是相对着的此岸彼岸。舍弃这两者中的任何一个，就没有我们的幸福。

——人的个性

我们在个性中获得完满，在群体中也愿意舍弃私利，这样，才是一个成功的人。

——人的个性

我获取了，就有营养。而我舍弃了，就有快乐。人世间，可以看到这两种对立原则的相逢。越是自豪地馈赠，爱就越崇高。

——人的个性

一个渺小的我，在大千世界，也是独特的。

——人的个性

一方面是欲念，另一方面是节制。在这种摇摆不定的状态中，那绽放美的，那保护平衡之典范的，被称为善德。

——人的个性

力量扩大个性，善德美化个性，博爱牺牲个性。善德在力量和博爱之间，使强行的索取朝彻底奉献的方向前进。

——人的个性

在人性中，追求利益的激情，比追求福善的激情，简单得多，强烈得多。

——民众福利

在个人与他人、爱与利益发生冲突的地方，保护善德，是一件好事，但相当困难。它像诗性一样美，也像诗性一样难。

——人的个性

每个人的性格是不一样的，用同一个标准塑造人，势必招来许多废物。

——民众福利

个性为了让自己获得成功，甘愿约束自己。否则，它就会沦落为变态，而变态将导致死灭。

——人的个性

我们狂野的个性踏着善德之梯攀登，进入爱，才会完美，才会终结。

——人的个性

人性是我们最大痛苦的珍宝，只有靠勇气才能获得。

——人性

人必须忍受身体的疲累，在苦乐的惊涛骇浪中驾驶人生之舟。之所以能这样做，是因为人是崇高的，人性是坚毅的。

——人性

探寻事物真相的渴望是人的本性，是人性的主要部分。

——抨击

憎恨的抨击是本性使然，我只想默默祈祷，我能够原谅那些可怜虫。

——抨击

我们的短暂人生和永恒人生交叠在一起，但两者不是一体。我们的短暂人生分享痛苦和欢乐；我们的永恒人生不沾丝毫苦乐，但从中汲取活力。

——孟加拉风光

树叶每天在阳光中舒展，干枯，凋落，新叶同时又萌发。树木短暂的一生仅仅享受阳光，并在灼热中枯萎，而树木永恒的一生，从中积累了不燃烧的永恒之火。

——孟加拉风光

我们每日的每个片刻的叶子，也朝四周舒展，分享人世一切流变的苦乐，并在那苦乐的灼光中干枯、焚烧、飘落；但我们的永恒人生，不会触及那片刻之火，但可从中不断地汲取热力。

——孟加拉风光

谁享受片刻的苦乐的能力较低，片刻的焚烧也较短，他永恒生命的积储同样也较少。

——孟加拉风光

世界收纳我们一生中做的全部事情，但不会接纳我们。当我们把人生的作物装在人世之船上的时候，心里暗暗希望，船上有我的一席之地，然而，刚过两天，世界就把我们忘记了。

——岁月不留人

077

我们每个人的人生，建立在亿万被遗忘的人的人生之上。

我们的食物、服装、宗教活动、语言情感，一切的一切，是无数前人被遗忘的劳作和被遗忘的奋斗的延续。

——岁月不留人

世世代代的人，以各种方式养儿育女，他们的所作所为，依然活在我们中间，但他们带着他们的名字，带着他们的苦乐，已消失在遗忘的深渊。

——岁月不留人

我们奉献爱心，付出辛劳，但不要同时呈送自己，这就是人生教育。因为，呈送自己，纯粹是多此一举，也没有置放你的地方。那样做的活，只会减少赠物的价值。

——岁月不留人

有人喃喃说道："在人生的此岸，我只有一小块耕地，我很孤独。"——这不足为奇。我们每个人都是孤独的。每个人的四周，那无底的个性差异的鸿沟，谁能跨越?!

——岁月不留人

我们耕耘着自己的一小块人生之地。一天天劳作，一天天储存作物，终于有一天省悟，我不能把这些作物带到任何地方去，全部都得留下。

——岁月不留人

我们不得不把自己的一切交给这漫漫旅途中的大神，交给这既熟悉又陌生的人世；我们带不走一样东西，也不能把自己留下。

——岁月不留人

昼夜不停的人生的游戏——贮积谋取的东西。流年的狂飙中，一切消融于空虚。

——火花集

我们的名字是夜间海涛上闪烁的微光，不留下印记便消失了。

——飞鸟集

该泯灭的，任其泯灭；该用火焚烧的，任其烧成灰。尸体如果不消失，世界上的生物就没有足够的空间了，地下就会有一个巨大的墓地。

——社会福利

我脚下的路是前行的路，不是归返的路。暮色渐浓的黄昏，偶尔回头远眺，但见路上凝聚着无数支被遗忘的足迹的赞歌，凝结着颂神的琴曲。

——脚下的路

一切过往的旅人的生平，被这条路用一颗尘粒的笔锋简略地记载下来。尘粒的笔锋不停地移动，从日出的东山到日落的西山，从金碧辉煌的东方阎阖到金碧辉煌的西方阎阖。

——脚下的路

所谓友谊，可理解为三个实体，即两个人和一个世界。而所谓爱情，只有两个人，没有世界。两个人就是两个人的世界。所以，友谊的简称，是"二"和"三"，而爱情的简称，是"一"和"二"。

——友谊和爱情

友谊可以逐步演变为爱情。可爱情不能降格，最后成为友谊。一旦爱上一个人，之后要么爱，要么不爱；可与别人建立了友谊，并不妨碍渐渐地培养爱情。

——友谊和爱情

友谊有升华的空间，因为它并不占有所有地方。但爱情没有扩张、收缩的余地。它一旦存在，便充斥所有地方，否则，它就不存在。

——友谊和爱情

爱情是寺庙，友谊是住宅。神明离开寺庙，不可能去做住宅区的事情，但在住宅区，可以安置神明。

——友谊和爱情

印度的典籍云："宽容是强者的服饰。"

——美感

我们不能像对待自然那样对待人。周围的每个人离我们太近，我们以特别挑剔的目光夸大地看待他的小疵。所以我们很容易在寥廓的暮空发现美，而在世俗世界却不容易发现美。

——美

"谦虚"不开口说话，"谦虚"的含义，是默不作声。"谦虚"是认知欠缺的品德。

——纯正的谦虚

大爱之路，是谦恭之路。想进入普通人的心，就得低下头，让头适应别人心扉的尺寸。

——忠于国王

自私是人间的一个严酷事实，而爱能够毫不费力地粉碎自私的坚韧罗网。

——节日

与完美对立的，是空虚。但"不完美"与"完美"，不是对立的，不是敌对的，是"完美"的一种表现形式。

——痛苦

与"不完美"日夜相伴的"痛苦"，与快乐也不是对立的。它是快乐的一部分。换句话说，"痛苦"的完满和成功，不是痛苦，是快乐。

——痛苦

人获得一些真实的东西，是靠痛苦获得的，因此他才有人性。他的能力确实较小，但上苍未让他沦为乞丐。

——痛苦

人的痛苦，不仅覆盖着柔软的泪珠，也闪烁着刚毅。

——痛苦

082　　人心中的痛苦，如同世界上的利器。它是光，它是热，它是运动，它是生命。它在人类社会中，创造着崭新的劳作世界和美的世界。

——痛苦

不是通过安逸，通过享受，而是通过舍弃，通过馈赠，通过修行，通过受苦，我们才能获得灵魂。

——痛苦

　　除了受苦，我们没有别的办法了解自己的力量。我们了解自己的力量越少，理解灵魂的光荣也越少，真正的快乐也越稀少。

——痛苦

　　奋斗以痛苦的形式在世界上存在着。我们在身心内外创造的一切，全是一面奋斗一面创造的。我们的一切诞生，都经历阵痛；一切收获全从舍弃之路走来；一切永生全踩着死亡之梯攀登。

——痛苦

　　爱国者为建国捐躯，是最大的痛苦，也是最大的快乐。学者获得知识，情人追求心上人，也是如此。

——痛苦

　　愿贫穷不让我们沦为乞丐，而让我们在崎岖道路上前进；饥饿和瘟疫不把我们摁入死亡，而把我们引进拼搏的生活。

——痛苦

　　让痛苦成为我们的力量源泉，让悲恸成为我们解脱的

动力，让惧怕人世、惧怕王国、惧怕死亡成为我们获胜的
缘由。

——痛苦

与痛苦交织的欢乐，是恒久的，深广的。

——痛苦的欢乐

不以智慧获得的克制，不是百分之百的克制，而是麻木的
习惯，是对无知的掩饰。

——那会怎样

外面的物品无穷无尽，可满足在我心中。外面的痛苦无穷
无尽，可忍耐在我心中。外面的人际关系无穷无尽，可爱在我
心中。外面的世界无际无涯，可灵魂在自身中是完美的。

——那会怎样

人拥有的两个层次上的欲望，一个是满足需求的欲望，另
一个是满足非需求的欲望。没有第一种欲望，第二种欲望寸步
难行，可没有第二种欲望，第一种欲望照样存在。

——两种欲望

人把生命置之度外，为探寻自己的知识、爱情和力量之国
的南极和北极，一次次地远征，那不是寻求幸福、不是满足当

下需求的欲望。

——两种欲望

快乐与幸福的区别在于，幸福的反面是痛苦，而欢乐的反面却不是痛苦。"欢乐"甚至通过痛苦使自己获得成功，看到自己的完美。所以"痛苦"的修行，就是"欢乐"的修行。

——两种欲望

我们是占人口总数百分之九十三的凡夫俗子，是人世之河的流动。我们绝不占有什么东西，也不会死死抓住什么东西。潺潺的乐章，由我们奏响，所有的光影在我们上面颤动。

——百分之九十三的人生

不是每个人来到凡生都能为别人造福，所以不能造福也不必感到愧疚。只要坦然地在默默无闻的终结中获得解脱，在那毫无目的生活中，就能恰当地实现了人生目标。

——百分之九十三的人生

人分为两类。一类人占百分之九十三，另一类人占百分之七。"百分之九十三"是安分的，"百分之七"是不安分的。

——百分之九十三的人生

有才能的人，在自己的功业中永生。

——民众福利

崇高必须一步步踩着抨击的蒺藜向前迈进。

——抨击

鄙夷"怕死的言行"的人，拥有人世幸福的财富。能够拒绝人生享乐的人，拥有解脱的欢乐。

——无所畏惧

功勋卓著的人，以自己的超凡才能，把周遭的渺小变为高尚。他们以手边得到的普通材料，构筑高洁博大的人生。他们的人生事业，就是他们的诗。

——诗人的传记

金钱体现人的能力，是被肩上的担子压出来的，本质上是荒谬的。

——访日散记

一度看重人格、鄙夷金钱的人，如今为了赚钱而漠视人格。无论是君主国家还是社会主义国家，这种现象越来越严重。人们看不见它的狰狞面目，贪婪蒙住了人的眼睛。

——访日散记

财富具有造福的能力，但奢华不是财富。

——奢侈的绞索

关于人生旅程，印度说："寻得幸福者心里应知足，应节制欲念。"

——《奥义书》中的梵天

得到幸福的办法，不在身外，而在心里；不在错综复杂的庞大的物品之网中，而在受约束的心中至洁的质朴之中。

——《奥义书》中的梵天

人如果想象幸福在身外，就会像追逐猎物一样凶残地驱赶世界，直到生命的最后一刻。最后，他这个猎人奔驰的骏马把他抛进死亡之渊，他的目的也无法达到。

——《奥义书》中的梵天

心灵荷塘的静谧是纯净的，它的名字是满足。

087

——《奥义书》中的梵天

我一直记着歌德的一句话，这句话听起来简单，但意味深长：你应与淡泊相伴。

——远离奢华

外界的奢侈品、灯红酒绿，令我们麻木；外界的奢侈品稀少时，方能找回高洁的自我。

——远离奢华

任何社会给人最重要的东西，是对未来怀抱最大的希望。

——教学和目标

社会中并非人人能把希望完全变为现实。但总有一种动力，促使人自觉或不自觉地去拥抱希望，因而每个人的力量都向自己的极限挺进。

——教学和目标

世上任何家庭不会一成不变，任何家族不能把富裕、声誉永远囚禁在本家族的围墙内。

——在祭奠圣哲仪式上的讲话

年纪增大，老人们就把现时和他们那个时代进行比较，讽刺当今时代，这样做的一个原因是，旧时代是他们抱有希望的时代，而现时是算人生之账的日子。

——对学生的讲话

不是在有实用关系、互利关系和商贸关系的地方，而是在有超越所有利益的亲情关系的地方，我们才会得到深层次的满足。

——在斯里尼克坦年度庆祝会上对村民的讲话

只有存在纯正人际关系的地方，人才是幸福的。

——在斯里尼克坦年度庆祝会上对村民的讲话

我从不害怕瞬息——永恒之声这样唱道。

——飞鸟集

一直为夕阳西坠落泪，你就看不见繁星了。

——飞鸟集

召唤逝去的归来是白费精力，让泪泡的回忆的枯枝萌发新绿！

——火花集

花朵对失落了繁星的晨空嚷道："我失去了我的露珠。"

——飞鸟集

人建造了自己的樊篱。

——飞鸟集

大地有了绿草的帮助，才变得好客。

——飞鸟集

成功之时如果垂首，心底幡然醒来昏眠的不足。

——火花集

感谢火焰给予光明，但不要忘了，擎灯的人许久坚忍地站在黑暗中哩。

——飞鸟集

小草啊，你的步子虽小，但你拥有你步履下的土地。

——飞鸟集

草叶无愧于它在其中生长的伟大世界。

——飞鸟集

"我愉快地给了我全部的水。"瀑布唱道，"尽管对于干渴的人，其中一小部分就足够了。"

——飞鸟集

泥土下的树根使树枝硕果累累，从不要求报酬。

——飞鸟集

夜阑秘密地把花催开，让白昼去领受感谢。

——飞鸟集

雨云把水倒在河流的水杯里，然后藏在遥远的山后。

——飞鸟集

"哦，太阳，我应怎样对你唱颂歌，对你膜拜?"小花问道。
"以你纯洁而质朴的沉默。"太阳答道。

——飞鸟集

云彩谦虚地站在天空的一隅。
黎明为它戴上灿烂的朝霞。

——飞鸟集

091

尘土蒙受侮辱，却以鲜花回报。

——飞鸟集

当我们为我们的成熟而喜悦时，就可以愉快地同成果分手了。

——飞鸟集

太阳身穿朴素的光明之袍。彩云则浓妆艳抹。

——飞鸟集

不要从你的口袋里掏出功勋，借给你的朋友，这是对他的污辱。

——飞鸟集

我们把世界读错了，反倒说世界欺骗了我们。

——飞鸟集

权力对世界说："你是我的。"世界就使权力沦为她王座上的囚徒。

爱情对世界说："我是你的。"世界就给她出入宫殿的自由。

——飞鸟集

092

伟人生来是个孩子，他逝世时，把他伟大的童年留给了世界。

——飞鸟集

我们的一笔巨大财富，是亲情。可以说，没有比它更大的财富。缺少亲情的地方，不可能有安宁和幸福。

——在斯里尼克坦年度庆祝会上对村民的讲话

无瑕的圆满不属于凡人。因为，圆满意味着终结。凡人并未在今世的生活中终结。

——陋习的折磨

印度认可童年、青年、中年和老年的正常区分，通过人生四个阶段，把人生一步步地引向唯一的终极，这样，人生就顺利地与浩渺的宇宙之歌相会。

——印度人的人生四阶段

人的一生中，六十岁是日薄西山的年龄。换句话说，日出的地平线在这个时候出现在面前，与日落的地平线面面相对。

——西行日记

获得亲人，是人唯一的收获，这种收获是人的不懈追求。

——在五十岁生日庆祝会上的讲话

人是可以再生的：一次是在娘胎里生出，另一次诞生在自由的世界。换句话说，一次是个体的诞生，另一次是在群体中的诞生。

——在五十岁生日庆祝会上的讲话

在私利之国，我是中心，其他一切是大小不一的圆周。在公益之国，我不是中心，我只是整体的一部分；我的生命融于整体的生命之中，整体的好坏，就是我生命的好坏。

——在五十岁生日庆祝会上的讲话

一个人躺在私利的子宫里，通常在无虑的舒服中过日子。他刚爬出来，肯定会受很多罪。对他来说，做出牺牲，很不容易，但必须做出牺牲，因为人生意味着牺牲。

——在五十岁生日庆祝会上的讲话

我降生之时，祖父手中财产的火焰明亮的一盏华灯，只剩下燃烧后的黑渍、烟灰和一缕摇颤不定的微弱火苗了。我不曾降生在荣华富贵里，也不曾降生在对荣华富贵的怀念中。

——七旬回眸

我的作品肯定掺有应该删除的杂芜。我希望，剔除糟粕，剩下的精华响亮地宣告：我爱人世，我追求高尚，我企求在至善面前自我奉献的自由。

——七旬回眸

我赢得许多人的真诚友情，尽管我有这样那样的缺点，他们了解我的一生，了解我的理想、我的收获、我的给予，了解我并不完美的一生中不间断的奋斗目标。

——七旬回眸

我不能选择最佳。
是最佳选择了我。

——飞鸟集

我一路走一路倾倒我水罐里的水。为我家只留下一点儿水。

——飞鸟集

果实的服务是高贵的，鲜花的服务是甜美的，但让我的服务成为谦逊的奉献的绿荫里叶片的服务吧。

——飞鸟集

我的白日之花，落下被遗忘的花瓣。黄昏，它成熟为一只记忆的金果。

——飞鸟集

我是秋云，罄空了雨水，在成熟的稻田里看见了我的充实。

095

——飞鸟集

我们最谦逊的时候，离伟大最近。

——飞鸟集

我的存在，是生命的一个永恒奇迹。

——飞鸟集

谢谢你，我不是权力的一个车轮，而是被权力的车轮碾压的活人中的一员。

——飞鸟集

我登上顶峰，发现名誉的贫瘠荒凉的高处，没有我的栖身之所。我的向导啊，日光消失之前，引导我进入宁静的山谷，让我人生的收获在那儿成熟为金色的智慧。

——飞鸟集

哦，大千世界，我去世时，把"我已爱过"这句话，存放在你的沉默中吧。

——飞鸟集

"我相信你的爱"成为我最后说的一句话。

——飞鸟集

我曾痛苦过，失望过，领略过死亡，我为我还在这伟大的世界上而感到高兴。

——飞鸟集

我曾经有过许多痛苦，

我感到欣慰的是：我爱过人，也被人爱过。

——边沿集

像一行思乡的大雁，日夜飞向它们山中的巢，让我双手合十向你顶礼，与此同时，我的全部生命踏上返回永久故乡的旅程。

——吉檀迦利

爱 情

世界面对它所爱的人，摘下它其大无比的面具。
随后它变得小如一首情歌，小似一个永恒之吻。

——飞鸟集

我们在梦里曾以为我们互不相识。
苏醒了才知道我们是彼此相爱的。

——飞鸟集

在"世界"的海边，我的心拍击着波浪，
以泪水在上面写她的心迹："我爱你。"

——飞鸟集

因为"世界"的要求，生命发现自己的财富。
因为爱的要求，生命又发现自己的价值。

101

——飞鸟集

爱是充实的生命，
如同斟满酒的杯子。

——飞鸟集

生命因付出爱情而更富有。

——飞鸟集

啊，爱情！当你手擎点燃的痛苦之灯走来，
我看清你的脸，把你当作至上福祉。

——飞鸟集

爱情的痛苦，像波涛汹涌的大海，在我生命的周遭吟唱。
爱情的欢乐，则像鸟儿在花林里歌鸣。

——飞鸟集

强悍的沙漠火热地追求一棵小草的爱情，
可她摇了摇头，莞尔一笑飞走了。

——飞鸟集

不要因为危崖很高，就让你的爱坐在危崖上面。

——飞鸟集

贞操是富丽的爱情中产生的财富。

——飞鸟集

爱情的原始光华凭纯洁的力量遍布青天，
降落人间，霎时间色彩缤纷，形式丰繁。

——随感集

爱情的欢愉只有几瞬，
爱情的痛苦伴随终生。

——随感集

谁用爱情做交易，
爱情就在远处看谁演假戏。

——随感集

当爱情把痛楚当作明珠，
痛楚便是幸福。

——随感集

在爱情面前，人体美妙绝伦；
在色欲面前，人体是一堆肉。

——七旬回眸

103

爱情用花的字母书写的名字，花落，回归。
岩石上凿刻的坚固的妄想，石崩，消亡。

——火花集

人世行客的身影落在我的作品里。他们不带走什么。他们忘却哀乐，抛下每一瞬间的生活负荷。他们的欢笑悲啼在我的文稿里萌发幼芽。他们忘记他们唱的歌谣，留下他们的爱情。

——*人生之旅*

旅人别无所有，只有爱。他们爱脚下的路，热爱同路的陌生人。爱是他们前进的动力，消除他们跋涉的疲累。

——*人生之旅*

爱情若被锁缚，世人的旅程即刻中止。爱情若葬入坟墓，旅人就是倒在坟上的墓碑。

——*人生之旅*

崇高爱情的影响下，渺小爱情的绳索断裂；世界得以运动，否则会被本身的重量压瘫。

——*人生之旅*

让人落泪的爱情，也能抹去人眼里的泪水，催发笑颜的光华。

——*人生之旅*

我们生来都是旅人，爱从四面八方伸过手来，让我们学会响应不倦爱情的召唤，不陷入迷惘，不让惨烈的压迫用锁链将我们束缚！

       ——人生之旅

爱情不让人常年垂泪。因一个人的离别而使你潸然泪下的爱情，把五个人引到你身边。

       ——人生之旅

当你万念俱灰，无意继续人生的旅程时，爱情牵引你上路，你不可能永远把脸俯贴在死亡上面。

       ——人生之旅

拂晓，满心喜悦的旅人，前往远方，要走很长很长的路。沿途没有他们的爱，他们走不完漫长的路。因为他们爱路，迈出的每一步都感到快慰，不停地向前。

       ——人生之旅

我对络绎不绝的旅人说："行路不为别的，是出于爱的需要。我把我的爱作为川资赠给你们。祝你们一路平安，旅途中互相帮助，彼此奉献真爱。"

       ——人生之旅

105

不是蒺藜，而是把鲜花，献给你所爱的人；不是泥淖，而是把你心湖里开的莲花，献给你所爱的人。把微笑的钻石，把眼泪的明珠，献给你所爱的人；不要向他投去冷笑的闪电和泪水的暴雨。

——爱情的涵义

不要把你心中的一切对你所爱的人展示。不要把你所爱的人带到心中有阴沟、垃圾和废弃物的地方。

——爱情的涵义

人世间真正的楷模寥若晨星。爱情的一大特长，是把每个人变成另一个人的楷模。于是，人世间不断培养可奉为楷模的真情。

——爱情的涵义

为了爱情，情人的心田栽种花树，维持心灵的健康，这也特别有利于在他心田徜徉的恋人的健康。

——爱情的涵义

106

世上各种职业中产生的爱情，接受神咒保护的爱情，亿万家庭中的爱情，千姿百态，五彩缤纷。

——理想的爱情

情人不管多么低下，多么冷酷，品行多坏，死死地抱住他，这被不少人称之为热恋的极致。

——理想的爱情

真正的爱不是奴隶，是虔诚者；不是乞丐，是竞购者。

——理想的爱情

堪称楷模的情人，热爱真正的美，热爱圣洁，热爱他心中产生的崇高情趣的形象。他不会不管对方是怎样的人，盲目地拜倒在对方脚下。若那样做不能叫作爱情，只能称为肮脏行径。

——理想的爱情

看到合适的对象，有人愿意当他足上的尘土。于是，许多人错误地把情人的尘土叫作爱情。

——理想的爱情

真正的情爱，是自由的情爱。它归顺，因为它懂得特殊归顺的神圣。在归顺后感到光荣的地方，它是忠仆；可在承认低劣才有地位的地方，它也是低下的。

——理想的爱情

爱情，不是为爱而爱，而是要爱高洁。若不是这样，如果爱情教人在低贱者那儿变得低贱，将情趣禁锢于丑恶之中，那么这种爱情趁早死灭吧。

——理想的爱情

"美"是爱的标志，是对我们心灵的诱惑。

——创造中最神奇的是"美"

我只看到爱情的一半——结合，爱情的另一半——离别，不曾进入我的眼帘，因而望不见远处永不满足的相会，也许是视线为近处关山隔断了的缘故。

——云使

爱不是心里的依恋，而是一种力量。这力量像地球的引力，无处不在。

——西行日记

在女人的生活中，最大的成功在于爱情。她依凭爱情，超越外界的全部束缚。

108

——西行日记

女人想看到她想要的男人。女人总是急于用各种方式把男人包围起来。女人无法忍受两人之间疏远的空间。

——西行日记

女人是名副其实的情人。不管道路多么崎岖，不管用什么办法，她们的心热切地期望跨越分离的痛苦和孤独感。

——西行日记

在女人们的创造中心，光源是爱情。为了展示自己，为了获得成功，这种爱情需要男人朝夕相伴。爱情的创造领域不能无伴地单独存在，这个领域就在家里。

——西行日记

爱情通过人实现自身的完美。这人是非常真实的，一旦得到他，他所有细微成分就不能扬弃，连他的缺点和过失都得接受。

——西行日记

用感情的面纱盖住一个人的容貌，使之完美无缺，这对于爱情来说是不必要的。爱情希望有缺陷和不完美，否则它的圆满又如何实现呢！

——西行日记

109

男人对完满的渴望，体现在他的爱情中。他一旦爱上一个女人，就用自己的心灵和感情的目光完整地去审视她，用不同方式把女人塑造成理想中的女人。

——西行日记

在男人艰苦寻求知识的祭坛上，当女人制作祭祀仪式的温情之椅，不扼杀男人的自由，而是让自由更美；不堵塞他前进的道路，而能提供更多的盘缠；不把他推进地狱之河，而侍候他在恒河里沐浴时，他的弃世和恋世才比肩而坐。

——西行日记

上苍在男女之间安排了一定的距离。这段距离中间的空隙，不停地注入侍奉、宽宥、勇气、美和福祉。在这儿，"有限"与"无限"，像新郎、新娘一样，交换吉祥眼神。

——西行日记

男人最杰出的表现，是奋斗。女人的爱的特性是奉献和侍奉，与男人奋斗的基调是合拍的。两者的结合，使双方大放光彩。

——西行日记

经过长期努力，男人在自由的氛围中，建造了自由奋斗之庙，参加祭祀的女人，在那儿履行点燃爱情之灯的责任。

110

——西行日记

不懂得应以奉献精神使人获得自由的爱，甚至以小恩小惠占有他人的爱，是邪恶。它以饥火烧灼一方，以贪婪的情欲舔另一方，使之虚弱。

——西行日记

女人的爱情中，也可能响起另一种乐曲——那是爱神的花弓的弦儿射箭发出的声响。那不是自由之曲，而是锁链之歌。它葬送男人的奋斗成果。

——西行日记

女人如果忘记责任，毫不犹豫地把献给神的祭品，送到肉体市场上出售，那么，凡世心中的天堂，必将崩坍。男人将坠入"疯狂"的地狱，斟满柔情的女人的心杯破裂，流出的柔情玷污尘世。

——西行日记

爱的付出越是艰难，它成功的快乐越是浓郁。

——人性

力量在工作中强迫自己奔跑，爱情在休息中凝聚。力量宣扬自己，爱情遮掩自己。力量扩散自己——它是活跃的。爱情约束自己——它是沉隐的。

111

——昼夜

人世间，我们的心只能在所爱的人中间获得休息。我们的心有机会休息时，才能彻底地爱人。

——昼夜

我们真正的憩息，名叫爱情。无爱的憩息，不过是懒怠。

——昼夜

沙杰汉①，你任你的王权绝迹，只愿一滴爱情的泪珠万世不灭。

你以美诱惑岁月，擒获岁月，为无形的死亡戴上永不褪色的花冠。

你在情人耳边诉说的秘密，已镌刻在石块②永久的沉默里。

——情人的礼物

112

---

① 沙杰汉是印度莫卧儿王朝第五代皇帝。
② 指泰姬陵。

妇 女

经过一段时间的思考，比较，我发现男人是粗坯，女人才是精美成品。

——孟加拉风光

女人，不单是神的，也是男人的杰作；从古到今，男人在心里把"美"献给女人。

——孟加拉风光

田尼生①说女人是水，男人是烈酒。我却认为，女人是河水，男人是陆地。女人爱河水，与河水朝夕相处，女人有河水的秉性，有河水那种不停的动态和甜美的声音。

——孟加拉风光

人类创造中，妇女的作用极为悠久。人类社会中，妇女的力量可谓原初的一支力量，是承负生命、培育生命的力量。

——妇女

115

———————————

① 田尼生（1809－1892）系英国诗人。

原始生命的简单肇始，在女人本性之中。所以女人的性格，神秘莫测。女人的生活中经常看到的汹涌情感之潮，超越争辩。

——妇女

大自然把求索生命的最初痛苦，注入女人的血液和心中，并且把养育生命的一切欲望之网一层层缠裹女人的身心。这种欲望以爱情，以慈爱，以温和的耐心，在女人中间编织了约束自己和别人的柔网。

——妇女

羞色是女性的服饰。不过，比起华服之美，谁更多地看到羞颜之美呢？只有不是狭隘地观赏美的人。

——美感

孕妇的柔美不会引发目光的盛会。当女性获得人生最大成功的时刻即将来临之时，对它的期待，使女性形象充满光荣。对孕妇之画观察，奢望的眼睛的不满足，由心中的尊敬给予更多的补偿。

——美感

造化使女人变成母亲，以一种模子塑造她们。我称束缚是美的缘由；女人们在那种天然的韵律的束缚中塑造得非常完美。

——孟加拉风光

造化的全部美景，是完整的、克制的、稳固的、协调的，女人也这样。任何心灵不会走过去破坏她们的韵律，任何争论也不会拆散她们的谐韵。

——孟加拉风光

女人的言谈、服饰、举止、待人接物和对生活的责任中，有一种完整的和谐。之所以如此，其主要原因，是世世代代造化亲自规定了她们的职责，一开始就以那样的主旨塑造了她们。

——孟加拉风光

女人娴熟地做家务表现出的美，仿佛融合在她们的肢体、话语和动作之中；她们的本性和所做的事情，仿佛是鲜花和芳菲，密不可分。

——孟加拉风光

女人，你忙忙碌碌做家务事时，你的手足在唱歌，犹如山泉潺潺地流过岩石。

117

——飞鸟集

女人呀，你以泪水的深澈环围着世界之心，犹如大海环围着大地。

——飞鸟集

女人奉献自己的芳心，也吸引他人的心。所以，要她们过分真率、过分简朴、过分严格，是不行的。

——文学意义

男人应循规蹈矩，可女人应该漂亮。男人的举止大致上以明晰为好，可女人的举止中应有掩饰、含蓄和暗示。

——文学意义

制服男子的空前狂妄的惬意，凝成女性的丽姿，这丽姿在世界的脉管中掀起奔放的激情，掀起鲜红的狂澜。

——唢呐集

女性把人世的举止中的一切羞赧、畏惧、拘谨、迟疑、教典的约束和典籍中书写的等级差别，统统抛到九霄云外，以超越享受的原曲圣洁了赤裸，并赋予它感动世界的高雅情趣。

——唢呐集

118   女人的天性是成为妻子，成为母亲，而不是是成为女仆。

——妇女教育

因为有母爱，母亲才照看儿女；因为有爱情，妻子才侍候丈夫。

——妇女教育

自我牺牲远离爱的宗旨，对于女人来说，那就是屈辱和痛楚。

——妇女教育

在男人偏离男性道德标准的地方，女人因坚守崇高人生标准而饱受煎熬。

——妇女教育

女人的责任是爱的责任。男人的责任是力量的责任。

——妇女教育

女人是陷入危机中的男人的精神支柱，是忧虑重重的男人的谋士，是家庭之路上男人真正的旅伴。

——妇女教育

作为家庭主妇，作为母亲，女人所做的分内之事，与女人的脾性极为合拍。

——妇女

119

许多家庭女性，以心灵的甘露滋润的家庭的田野，稻谷飘香。她们从自然那儿得到的，是无从传授的成熟。

——妇女

哪个不幸女人的脾性中缺少天生的柔情，任何教育，任何人为的方法，都不能帮她建立完美家庭。

——妇女

女人的智慧，女人的习性，女人的举止，长期以来受窄小范围的制约。她们无由来地惧怕一切凶神恶煞，逐个对他们献上不必要的虔诚的祭品。

——妇女

天降大雨，河水上涨，河岸的界线自行后退。同样，从各个方面来说，女人的生活之河已经扩张，河岸的界线退得很远了。这条小河变成了宽阔的大江。

——妇女

"温柔"的湿润浓雾，把印度女人的心围在家庭中，如今，自由的天空的阳光，大千世界的阳光，射穿了那浓雾。世代裹缠她们芳心的陈规陋习的罗网，虽说至今没有撕成碎片，但已是千疮百孔。

——妇女

120

大量的心灵财富，作为吝啬鬼的抵押品，封存在女人心宫的宝库里。

——妇女

大门不出、二门不迈的贞女，以世界女性的面貌出现了。她们正参与创造崭新的文明。不仅她们戴的面纱脱落了，迫使她们待在大部分世界后面的精神面纱，也已飘飞了。

——妇女

"女人受使唤是正常的"，这在各国如得到证实，那么，世界一半人的羞惭，将使世界抬不起头来。

——妇女教育

女人们用无尽的仁善、情爱和真情充实自己和自己的世界。这是她们温柔的一面。同时，她们还有刚强的一面。在这方面，她们有忠诚、忍耐和坚定的自我牺牲精神。

——写给赫蒙达芭拉的信

女人苦修的目的，不只是生孩子，而是要生出类拔萃的儿女。她们的儿女出生，不是为增加人口，而是要作为坚强勇敢的灵魂，在他们的社会生活和自然环境中，在与邪恶的持久斗争中赢得胜利。

——印度的婚姻制度

妇女不仅因美而动人，也用牺牲展示力量。

——誓言

自卫的力量是女人内心的力量，因而国格在妇女的母怀里得到保护。印度感激善于以爱心保护国格的妇女。

——誓言

正如艺术家重重地捶打，才能塑造富于神韵的塑像，辛勤劳动把绍塔尔姑娘磨炼得非常健壮，神采奕奕。她们的每个动作，透露出自由的光荣。

——访日散记

在印度社会，贞妇受到赞美，被誉为理想的妻室，是受人尊敬的女人的楷模，是家庭主妇美德的化身。她们在印度绝不是寥寥数人。

——印度的婚姻制度

女人心灵的内在特性中培植的一种重要产品，也许可称为"妩媚"，它像柔光，是一种魅力。它没有重量，不可把玩，如无生命的摩挲，我们绞尽脑汁，也无法获得。

——印度的婚姻制度

在人生的每个阶段，受到侮辱的女人的人格，在受到限制的舞台上展现自己欢乐的力量。

——印度的婚姻制度

文明在更高层次上的成就——勤劳者的无私奉献、勇敢者的无所畏惧、艺术家的创作，全在女人的影响中隐秘地受到激励。

——印度的婚姻制度

对妻室的地位一无所知的顽固派说，女人是"零"。只要不和"1"结合，一生只是"零"。可按照法规与"1"结合，就能让"1"结实强壮，承担"10"的重任。但是这些"零们"爬过去坐在"1"的前面，就让可怜的"1"变成百分之一。怕老婆的男人的绰号，就是百分之一。

——"零"

身体结壮、却让体弱的女人搀扶的男人；发财时把妻子抛在脑后、遇到危险时把妻子当盾牌的男子；寿终正寝强迫妻子殉葬的男人；一句话，搅乱了家庭规则的男人，才是货真价实的惧内的男人。

——惧内

男人身体上有优势，而女人的优势表现于姿色。就内心世界而言，男人长于智慧，而女人则长于性灵。所以，男人和女人，相得益彰，互相依赖。

——男人和女人

女人有接受能力和想象力，但缺少创造力。女人才思敏捷，但没有男人那种强健的智力。

——男人和女人

女人博览群书，也不可能完全像男人一样，参与社会实践。其原因之一，是女人体弱力寡。另一个原因，是处境不同，女人必须担起养儿育女的责任。

——男人和女人

为了儿女，女人在家里服侍人，是女人的本分，是自然的法则，不是男人压迫的恶果。

——男人和女人

夫妻一天到晚拌嘴，鸡毛蒜皮的小事往往成为双方唇枪舌剑的导火线。这种不正常的状态越来越厉害的话，夫妻之间必定产生隔阂。这种不和谐，非但不能改善女人的处境，还将使她们走上绝路。

——男人和女人

为了人性的升华，妇女应该增长才智，男人应该豁达胸襟；男人应放弃恣意妄为，女人应作别狭小胸襟。

——男人和女人

女人更多地感受到的是完美，所以她们轻率地爱人，并感到满足。男人更多地感受到的是不完美。因此，知识和爱情的力量怎么也消除不了他们的不满足。

——写给波罗穆特的信

女人用各种色彩、各种姿势、各种克制、各种仪式，把自己的身躯、屋子、举止以及心灵构建一个奇特氛围。为此，她们得到了生存机会。

——西行日记

女性以甜蜜情感，慢慢缤纷了她轻易获得的生存空间，使之变成掩盖自己的紧身上衣和面纱。她在掩饰中显示自己的富有，如同青藤在花叶的掩护下展现自己的富有。

——西行日记

在男性世界里，真正的女人不单是让人欣赏的，也是让人想象的。她由"有形"和"无形"交融而成。

——西行日记

女人们给予社会的前进以生存的韵律——这种韵律就是"美"。

——西行日记

男人拥有豪情，女人拥有温柔。这句话适合任何国家。可我们还要再加一句：女人中间天生蕴藏着仁善。

——西行日记

女人是生灵的乳母，是生灵的养育者，对此人性没有一丝怀疑。女人孕育生命，养育生命，身心里有多彩的财富。

——西行日记

男人在行进中创造，任何时候都需要一种稳定的基调在身边回响。那稳定之花是女人的美貌，那稳定之曲女人的温情，那稳定之果是女人的善德。

——西行日记

在印度，女人被视为支撑男人奋斗的力量。协助男人建功立业的女人的力量，是隐秘的。

——西行日记

126

只有当女人成为母亲时，才会体验到母爱，有了这种情感，再让她们与家庭建立密切关系，就容易多了。所以，凡是心里有这种情感的女性，能创造性地建立自己的小家庭。

——西行日记

人的照片中有人的一切，但画家画的人像则不同，其间的空白，被富有艺术情趣的心灵填补。那种空白是女人的一份财富，这份财富不容完全挥霍。

——西行日记

纯洁的反面是堕落，望日的另一边是朔日。同样，女人是维持家庭的稳定的吉祥女神，但毁掉一个家庭的本事，谁也不如她。

——西行日记

女人是私人爱情的载体。女人爱情的动力，在人类社会发挥巨大作用。但也有许多女人腐蚀男人的纯真，把男人送进死亡的巨口，这种例子也不胜枚举。

——西行日记

婚姻制度

不管是凭膂力、金钱，还是玩弄花招，强行娶亲，都是狂傲地把意志强加于人。真正的爱情，拒绝服从他人的意志。

——印度教徒的婚姻

印度认为每桩吉祥婚事是人类社会的一根支柱，把它当作所有人的一件大事。

——欢庆节日

古代印度教徒从不轻视家庭义务，但基督教徒是轻视的。所以，在印度，承认"为生儿育女而娶妻"，印度教徒不感到害羞，但基督教徒会感到害羞。

——印度教徒的婚姻

印度教徒的妻子忠于丈夫，是为了家庭的安宁。不管是为生儿子嫁人，还是因别的原因而结婚，妻子如果不忠于丈夫，将是家庭的无穷灾难的根由，常常就不能达到结婚的目的。

131

——印度教徒的婚姻

所谓"从一而终"，也许应理解为：夫妻交换爱情，两个人的心和灵魂完全融为一体。这样的"融为一体"，是夫妻关系的神圣楷模。

——印度教徒的婚姻

男人事事处处处于强势地位，由于许多原因，丈夫是妻子的主人。所以，几乎所有地方，妻子在丈夫的管制下干活儿。

——印度教徒的婚姻

越是感受到贫困的压力，人们就越是不愿让婚姻束缚住手脚。当看到四周婚姻像绞索似的套在已婚者的脖子时，面前摆着摩奴或其他隐士制定的法规，未婚青年谁也不愿把脖子伸进那绳套了。

——印度教徒的婚姻

情欲冲动诱发的做爱，时常造成不利于社会的麻烦。

——印度的婚姻制度

132　　把母性与传宗接代的生理本性相提并论，人与低等动物，在本质上就没有区别。这时母性只起到生物的作用，而未起到社会生活中的作用。它被人性的本能控制，而未被人的创造力所驾驭。

——印度的婚姻制度

当外部的强大势力，蛮横地为坚信双方的爱情是婚姻基础的男女乱点鸳鸯谱的时候，从步入花烛洞房那一刻起，夫妻关系就不圣洁了。

——印度的婚姻制度

在人的特殊年龄段，两性的相互吸引，达到巅峰。如果按照社会的意志，规范婚姻，那么在那个年龄段之前就应该完婚，这就是印度的早婚习俗形成的原委。

——印度的婚姻制度

女人天生容易动情，女人很容易把婚姻生活理想化，男人则不然。同时也必须承认，男人不像女人那样受到严厉的约束和限制。

——印度的婚姻制度

观照印度的婚姻制度，我们不得不承认这样的事实：男人和女人不是站在平等的基石之上的。这种不平等，完全置女人于屈辱的地位。

——印度的婚姻制度

133

对于妻子来说，丈夫是矗立着的理想。她不会向其他男人的凶残投降，而自觉自愿投身于为自己的"理想"的服务之中。

——印度的婚姻制度

只要丈夫是一个具有敏锐的灵魂的人，理想的爱情的火焰，就将照亮妻子的生活。

——印度的婚姻制度

造化在男女之间设置了隔离之海，在这样的环境中，进行两性互相强烈吸引的丰富多彩的游戏。男女之间的引力，既有创造性，也有破坏性。

——印度的婚姻制度

在人类繁衍方面，男人是必不可少的，但却是第二位的。在他唤醒女人珍藏的被动的生命种子，使之进入活跃的状态之后，怀孕的辛苦和分娩的痛苦，全由女人忍受。

——印度的婚姻制度

在所有国家，婚姻多多少少成为囚禁女人的牢房，所有的卫兵佩戴着男性支配权的徽章。

——印度的婚姻制度

时至今日，人类文明尚未真诚地接受精神制约。所以，婚姻仍是人类不幸福、耻辱、堕落的突出原因之一。

——印度的婚姻制度

社会习俗

我们的习俗带有浓厚的封建色彩。例如，父亲面前不准吸烟；见了师长要行触脚礼，要呈上礼品；媳妇在大伯子面前，必须戴面纱，不得接近舅舅或公公。家族和村庄外面通行的法则，则是以种姓为基础。

——社会隔阂

从利益的角度审视，接纳者的需要较多，而从福善的角度分析，施主的需要较多。

——民众福利

福善不像利益，可以不顾及他人。福善的完美，就在福善之中。

——民众福利

137

舍弃成果的期望，才能砸碎世事的毒牙。

——新年

廉耻感和勇敢一样，给人力量。

——无所畏惧

奉行不同的宗旨，不同的社会走不同的路，在旅程中各做各的事情。

——民众福利

用一种尺度塑造众多的人，就得让四分之三的人盲目地接受陋习。

——民众福利

不能把心中的虔诚变成世界上大大小小、真真假假、所有"高贵身份"的坟茔。

——民众福利

我们社会这部老机器，把自己清醒的理想变成了绊脚石，在死板的仪式中，把知识弄得半死不活，塞在肋骨中间。

——民众福利

138　用一种习俗取代另一种习俗绝非易事。我们社会的全部习俗，为求稳固，以多种责任之绳捆绑家庭生活。

——爪哇通信

种姓制度已把家庭和村社像珠串一样联结在一起。现代印度从各个方面采用一切可能的办法，加固着以种姓制度联结家庭和社会的传统。

——社会隔阂

一般来说，师父、祭司不是圣人。他们和凡夫俗子一样，贪图金钱，然而，我们把他足上的尘土抹在头上，感到万分荣幸。我们以这样的虔诚作践自己。

—盲目崇拜

盲目的虔诚，如同瞎子沿着习惯之路，坦然前行。

——盲目崇拜

我们的头脑中，生来就有很大的惰性。我们的心灵，由幻想牵引，顺着习惯的下坡路，像石头一样骨碌碌滚下去。半道上，理性上前阻止，被压得粉身碎骨。

——盲目崇拜

对权势低下的头颅，无不受到侮辱。拜倒在金钱、封号、暴力和陋习的脚下，崇拜就毫无意义。它非但不豁达人的胸襟，反而使之狭隘。

——盲目崇拜

把人的心灵和敬慕从它严厉的管制中解放出来，是维护人性的一项主要任务。

——盲目崇拜

谦恭，只应表现在接受他人的东西，向他人学习，以及让自己的性格拜倒在圣哲的影响之前等方面。

——盲目崇拜

虚伪的谦恭，必将带来堕落。崇拜庸人，只会使自己变得低能。在酒囊饭袋面前低眉垂首，只会把自己推向庸俗。

——盲目崇拜

不适当的崇拜，诱骗我们在与能力相同的人，或比自己能力差的人面前，躬身低头，由此造成的该受谴责的卑贱，绝不亚于骄傲的狭隘。

——盲目崇拜

140　　高扬神圣，是崇拜的目的，不管它多么艰难。自我满足，不是崇拜的目的，不管它多么容易，多么快活。

——盲目崇拜

崇拜之路上，理性的评判和自尊心，是必须迈过的门槛。正是由于这两道门槛，崇拜才能贴近应该受到崇拜的人，臻于成功。

——盲目崇拜

在不适当之处，崇拜的可爱罪过是，将值得崇拜的人与不值得崇拜的人置于同样的席位上。这等于抹杀天神和妖怪之间的差别。

——盲目崇拜

当婆罗门放弃自己的责任时，仅仅宣扬地狱的恐怖，就不能确保自己一直坐在社会的最高位置上。

——婆罗门

婆罗门对从事社会的崇高职业所表现出来的疏懒，正使社会的身躯脱臼，瘫软。

——婆罗门

当今社会，如果需要长一个"头颅"[1]。这个"头颅"如果高尚，可称之为婆罗门；与此同时，它的"臂膀"和"腰部"假如和圪垃一般高，那是无法接受的。社会不高尚，它的头颅也高尚不了，呕心沥血，使社会变得高尚，是其"头颅"的义务。

——婆罗门

---

[1] 据印度神话，婆罗门、刹帝利和吠舍分别生于神的头部、臂膀和腰部。

"婆罗门具有某些深不可测的法力。他们的喜怒哀乐，决定我们的祸福"。有了这种想法，就只有索取和给予的关系。在这种关系的阴影下，被崇拜者的形象不高大，崇拜者则显得猥陋。

——盲目崇拜

印度种姓制度的狭隘性，在各种场合，削弱永恒正道，因而它不是逐步升华，而是走向变态。

——东方文明与西方文明

从婴儿出生的庆典到悼念亡灵，各种宗教仪式遍布今世和往世，压在我们肩上，时刻消耗我们的体力。

——爪哇通信

从社会习俗开始，到道义的恒久统治，全部严加保护的结果是：在印度，社会陋俗渐渐根深蒂固，可道义却松弛了。

142

——陋习的折磨

一个人挥鞭打牛，就得忍受社会的处罚，要作忏悔，但杀了人，不做忏悔，在社会中照样有一席之地，这样的例子，屡见不鲜。

——陋习的折磨

人们逐渐忘了善恶是人的本性。他们心里相信，诵念经文，身子沉入水中泡一泡，或吃少许神牛的粪便，罪恶就能涤净。

——陋习的折磨

在印度，蛮不讲理的是非混淆，随处可见。接触低层种姓人是罪恶，杀死低层种姓人也是罪恶。杀人可得到社会的大赦，杀死一条牛，却是十恶不赦。

——盲目崇拜

不是出于习惯，不是遵从他人的旨意，而是依靠自由的感悟力，真诚地对"崇伟"投降，才是成功的崇拜。

——盲目崇拜

道德、虔诚、智力，在自由中才有力量，在自由中才有生命力，在自由中它们的本真才能得到维护和发展。

——盲目崇拜

143

门卫面前，警察是说一不二的国王，在警察面前，警官也是如此。印度社会中，上层人对下层人的要求无穷无尽。一层层的霸权压下来，奴性和恐惧渗透我们的骨髓。

——侮辱的防治

我们一生每日的习惯和榜样，把我们塑造成彻底的盲从者。于是，我们欺压下层人，嫉妒地位相同的人，学当上层人的奴才。我们每时每刻接受的教育中，隐藏着我们每个人和民族的屈辱的根由。

——侮辱的防治

具有两者圣洁的心灵纽带之地，捐赠者是光荣的，受赠者也是光荣的。

——民族学校

人人应有的自尊心，是应该得到保护的。我们的师尊，我们的主人，我们的国王，我们的权贵，如果攫夺这种自尊心，就是对人性的粗暴干涉。

——侮辱的防治

只要我们默不作声，安于现状，各个领域那些荒谬的负荷堆积如山，我们也不会感到悲哀，甚至把它当作靠垫使用，觉得很舒服。但把它扛在肩上行走，脊梁弄不好会被压弯。

——爪哇通信

144

在人们贪婪地骄傲地寻求享福的地方，在善事沦为司空见惯的陋习的地方，一切真相都被掩盖，都被封锁，卑劣以高尚的面目出现，高大变得渺小。

——节 日

　　在过节的场所，同样的爱把亲人和他人、富人和穷人、学者和愚昧者紧紧联系在一起，这是最纯的真实

——节 日

　　节日这一天，我们以弘扬真实的名义与无数人相会，这就是快乐，这就是爱。

——节 日

　　我们以欢聚，以五彩缤纷，以美，把节日这一天变成一年普通日子的桂冠上的一颗宝石。

——节 日

教育

人格和人的学识，好比水缸和水缸里的水，水缸里的水永远不会多于水缸的容量。

——教育和目标

童年时代的教育是对人心的折磨。因为，它不许人生与自然的柔怀接触，把孩子扔进学校的机器里。在它反常的压挤下，孩子的童心每天疼痛不已。

——国际大学

印度人从小接受刻板无乐的教育。印度人背了非背不可的一摞书，为的是今后应付差事。这种学习方法不利于智力开发。

——教育的弊端

叫人死背书的教育不是心灵的教育，那样的教育可以依靠机器去进行。

——国际大学

将小学生禁锢在教科书之中，他们的智力不可能得到充分

149

发展。学生死背书，不广泛阅读其他书籍，难以成为有用之才，到了成人的年龄，智商上仍是儿童。

——教育的弊端

我们的心灵之花从十三四岁开始展开花瓣，汲取知识的阳光和情趣的甘汁，这个时期，如果降下死背的书本知识的冰雹，那它如何获得营养哩?!

——教育改革

学生的知心朋友深知天真活泼中蕴含着本性的纯洁情趣，从不视活泼为调皮捣蛋。懂得儿童心理学的智者，慈爱地保护儿童的活泼天性，乃至保护各种顽皮举动。

——教育改革

培养独立思考、独立行事、独立探索的人的方式，大致是一样的。而培养唯命是从的、不敢反驳别人看法的、只给别人当下手的人的办法，不一而足。

——教育的弊端

课外读物对于教学内容的正常消化也大有帮助。心情轻松地读书，阅读能力不知不觉地提高了。理解能力，鉴赏能力，思辨能力，自然而然地随之增长。

——教育的弊端

思维能力和想象力是人生旅途中两种宝贵资本。换句话说，想成为人才，这两种资本缺一不可。小时候不培养思维能力和想象力，走上工作岗位，它不是唾手可得的。

——教育的弊端

不要只关注培养孩子的记忆力，要给他们充分机会去最大限度地扩展思维空间和想象力。死背书，如同从早到晚只用犁耕地，只用耙弄碎土块；如同只舞棍弄棒；如同只付一种押金，这对于人生这片沃土是远远不够的。

——教育的弊端

所谓汲取，就是用自己的嘴从别人嘴里汲取，以自己的生命到别人的生命中汲取，以自己的情感到别人的情感中汲取。

——鸟巢里的教育

学习，必须按照规律，一面做事，一面逐步深入。汲取和学习若不同步进行，不是汲取成为夹生饭，就是学习枯燥无味，以失败而告终。

151

——鸟巢里的教育

事实上，对少年儿童来说，保持符合人生规律的天性，是一件好事。这有助于他们的健康成长，有助于他们获得适当的自由的欢乐，有助于他们新萌的纯洁活泼的童心之光，扩向整个身体。

——教育问题

在人生之初，在培育心灵和性格的时候，最为重要的，不是训诫，而是有利的环境和合适的方法。

——教育问题

在学习成长的时候，自然的协助，必不可少。葱绿的树木，明丽的天空，自由的南风，清澈的河水，美丽的景色，是学生的课椅课桌，其重要性绝不亚于书本和考试。

——教育问题

当儿童的心灵极为稚嫩、好奇心旺盛、感觉能力十分强劲的时候，让他们在云彩和阳光的游乐场，在寥廓的天空下做游戏吧！不要剥夺他们与大地母亲拥抱的权利！

——教育问题

152　　惩罚是由别人处理过错的办法，而忏悔是自己纠正过错。认错，是自己的义务；不认错，心中的愧疚就无从消除，这个道理，从小就应让孩子明白。由别人来惩治自己的屈辱，不应该属于人。

——教育问题

鸟翼系了黄金，鸟儿就不能在天空飞翔了。

——飞鸟集

母亲，你把你的孩子打扮得像王子那样，在他颈上挂一串宝石项链。这对孩子是无益的。你这华服的约束，使你的孩子接触不了大地健康的尘土，剥夺了他参加人类日常生活的盛大集会的权利。

——吉檀迦利

如今某些教师对学生有兴致，不过是为满足生活的实际需求。他们成了店主，传授知识是做生意。领取工资，销售知识——这就是目前部分师生关系的全部内容。

——教育问题

老师应认识到，他坐在师尊的位置上——他应把自己的生命力倾注到学生的生命之中，以自己的知识点燃学生的知识之灯，以自己的爱心构建学生的光辉未来。

——教育问题

老师赢得学生的尊敬，靠的不是严厉管教，而是对童心规律的认知和遵循。

——教育问题

学生身上完美人性的尊严，像早晨的阳光，闪烁着无限希望的荣光。

——学生的规章制度

有资格承担教育学生的责任的人，能够豁达地尊重比自己年纪小、学识浅薄和能力欠缺的人。

——学生的规章制度

生来不懂得尊重学生的人，也不容易获得学生的敬意。

——学生的规章制度

不提问题，不做分析，全盘接受和背诵外国人写的印度历史书，通过考试，获得一等奖学金，对我们来说，不是一件光荣的事。

——历史书籍

想让祖国摆脱外国教育的束缚，自己就应接过教育的重担。

154

——印度历史

印度学校的主旨，是让印度的印度教徒、佛教徒、耆那教徒、穆斯林、锡克教徒、波斯人和基督教徒，汇聚在广袤心田上的追求真实的祭坛上。

——知识的选择

印度教育方式的主要基石是：教育不为谋取私利和丰厚薪金，教师忠诚教育事业。

——印度历史

以教育培育心灵，是学校一切工作的根本。

——教育发展

普及教育，是实现民族团结的前提。

——教育的手段

任何时候，没有一本历史书，可以不被质疑，可以不被再论证。欧洲历史书中，也有一大把沿用多年的铁嘴钢牙的论断，受到新的批评和指责。我担心筛掉本国历史书中的谬误，可能就只剩下一副骨架了。

——历史书籍

知识促成的全世界人与人的共识，超越国界，超越时空。在孟加拉僻远地区一个上学的孩子，与天涯海角一个有文化的欧洲人的共识，比起与一个目不识丁的邻居的共识，肯定多许多倍。

——教育的载体

大凡真实的东西，均跨越地理界线。印度点亮的真理之灯，也将照亮西方。如果不是这样，它就不是真理之光。

——教育的载体

如果某种优长只属于印度，那它本身就不是优长。同样，印度的神祇只属于印度，他必定堵塞我们进入天堂的道路，因为，天堂是属于世界之神的。

——教育的载体

人们一次次探索，一次次遭到失败，陷入困境，最后必定遇到一条颠扑不破的真理：教育要靠老师，不是靠方法。

——教育方法

人性被过滤掉的人，不是真正的人，而成了办公室、法院、工厂里的必需品。他成不了真正的人，当了老师，必定不奉献生命力，只知道授课。

——教育方法

学生和老师之间没有隔阂，才能正常传授知识。老师渴望讲课，学生有旺盛的求知欲，师生之间没有陌生的距离，没有互不尊敬的荆棘之墙，老师的心灵产物才能抵达学生的的心灵。

——大学议案

儿童的心灵对教育如有几分控制权，他学到的知识虽少，受的教育，才是几分真正意义上的教育。而以教育的名义迷蒙他的心灵，那你可以说是教书，但不是传授知识。

——学生的隔离服

现代教育中，有一根维系东西方所有民族的纽带。谁也不能指望光读本民族的书，就能成为学者。

——印度教大学

知识，如今是了解世界的祭坛。它正在拓展人类心灵大集结的场地。

——印度教大学

用模子浇铸的人性是不可能久长的。教学理论若与有关活跃的心灵的理论不合拍，某一天不是这种模子破裂，就是人心枯死，成为玩偶。

——俄国书简

157

教学的最低目标，是获得知识。最高目标，是实现人生的完美。后一个目标，是学校考虑问题的正常立足点。

——国际大学

印度古代的学校，与自然和睦相处，是印度人自己的创造。目前应在它们中间奏响新时代的脉息和新时代的呼唤。如果奏不响，说明它没有反应，已经死了。

——国际大学

我创办的一所学校，在旷野的树底下。孩子们在这儿把各种趣味注满他们人生的初始阶段，时刻与自然保持联系，通过音乐，戏剧、绘画，日日品尝欢乐的琼浆，这将在孩子们头脑深处留下愉快的回忆。

——国际大学

教师把知识变成商品，贬损了教育，也贬损了自己。

——印度历史

师生关系，应该是非常纯真的，给予知识，接受知识，双方之间的桥梁，是尊敬和慈爱。没有情谊的纽带，只有干巴巴的职责，或交易的关系，那么，接受知识者，是不幸的；传授知识者，也是不幸的。

——国际大学

文 艺

外部世界进入我们的心中，变为另一个世界，其间，并非只有外部世界的色彩、形态和音响等元素，我们的好恶，我们的恐惧惊讶，我们的苦乐，也与它交织在一起。

——文学意义

感情丰沛的人的心中，重塑的世界，比起外部世界，与人更加亲近。在心智的帮助下，对人心来说，抵达重塑的世界的道路，是畅通的。

——文学意义

外部世界和人的世界迥然不同。哪样东西是白的，哪样东西是黑的？哪样东西小，哪样东西大？人的世界不提供这类信息。

——文学意义

人的世界以各种声调讲述哪样东西是可爱的，哪样东西是可憎的，哪样东西是美的，哪样东西是丑的，哪样东西是善的，哪样东西是恶的。

——文学意义

人的世界，在我们无数心灵之间流动。这样的流动，是古老的，又是常新的。透过新生的感官，透过新生的心灵，这源自远古的水流，永远呈现崭新面貌。

——文学意义

开展文学评论，应该关注两样东西。一是文学家心中拥有把握世界的多少权力。二是他的权力能以稳定的形式显示出来多少。这两者并非总是完全一致。若能一致，是一件天大的好事。

——文学意义

诗人富于想象力的心灵，抵达世界的地方越多，我们对他作品的深度，越是满意。在人的世界，疆界拓展，我们漫游的领域就愈加广阔。

——文学意义

162

以"有形"表现"无形"，作品中应有"只可意会不可言传之美"。如同女人拥有柔美和羞色，文学应有不可言传的蕴藉。它是不可模仿的。它超越修饰，是不能以修饰遮掩的。

——文学意义

画面和音乐，是文学的两大要素。画面给情感以形态，音乐给情感以活力。画面是躯体，音乐是生命。

——文学意义

人性是不稳定的，也不是条理分明的。它有许多成分、许多层次。它的游戏，是如此细腻，如此不可思议，具有如此多的偶然性，赋予它完整的形态，让我们的心灵能够感受，是具有非凡才华的人，方能做成的事。

——文学意义

凡是我想到的和感觉到的，都不会死灭。这一切，从一颗心到另一颗心，从一个时代到另一个时代，思考着，感知着，向前流动。

——文学素材

人世间最杰出的皇帝阿育王①，把想让一代代后人听见的他的话，镌刻在大山的石壁上。他把代他说话的重任，交给了大山。大山是不会死的，不会转移的；大山笔挺地站在无穷岁月的路边，把他的话，背给一个个新时代的行人听。

——文学素材

人尽量把陶罐瓷碗做得精美些。陶罐瓷碗能用，能满足人的需要。而它的精美才体现人的情趣和欢乐。陶罐瓷碗的"用处"说，人有需求；而它的"精美"说，人有灵魂。

——访日散记

———————————

① 阿育王（公元前304－232）是印度孔雀王朝的第三代君主。

我们雕刻石像，绘画，写诗，建造石庙；国内国外，世世代代做出不倦努力，不是别的，不过是一个人的心祈求在别人心中得到不朽。

——文学素材

所谓热销的文学作品，可以满足一时的需求。可恰恰是不满足需求的文学作品，很可能具有更多的永恒性。

——文学素材

充满技巧的作品，就像情感的躯体。在这个躯体中，情感的抒写，体现作家的个性。按照这躯体的性质和形态，他表现的情感，受到读者的称赞。借助于躯体的力量，情感在人们心中和岁月中扩散。

——文学素材

培植富于个性的情感，让个人的情感成为所有人的情感，这就是文学，就是艺术。

164

——文学素材

把内心的变为外在的，把情感的变为语言的，把自己的变为人类的，把瞬间的变为永恒的，这就是文学创作。

——文学批评

心灵不是自然的镜子，文学也不是自然的镜子。心灵把自然界的景物变成精神元素，文学则把精神元素变成文学元素。

————文学批评

文学力图把想告诉我们的一切完整地告诉我们。换言之，它保留"精华"，删除"杂芜"，让"大""小"各得其位，填补空白，使"松散"变成"结实"，昂然矗立。

————文学批评

要享受美，就应抑制享乐的欲念，保持纯洁，心情平和。如果不懂得驾驭欲望，错误地把实现欲望当作美的享受，势必以为用双手压挤心灵，就能得到了美。因此我说过，正确地培养美感，必须进行苦修。

————美感

事实上，具有艺术才华的名人文豪，注意修身养性，不为所欲为，有自制力，才是名副其实的名人文豪。只有极少数人，意志极为坚强，能够百分之百地践行道德标准。

————美感

165

文人墨客进行艺术创作，也在展示他们的品德。一旦他们摧残人生，他们的品德缺失也会暴露出来。创造需要克制，破坏需要的是放纵。受纳应当克制，学习说谎需要的是信口开河。

——美感

美感中包含的成熟情愫，任何时候，它不能与暴躁的欲望和内心的放纵同存共处。两者是对立的。

——美感

当细小的展现之浪，在广远的展现之中平静下来时，观看博大的美，必须站在高处远望。想这样审美，人需要接受教育，需要肃穆，需要内心的宁静。

——美感

当我们的欲望胡作非为时，闪射出一种不正常的炫光，但在宏大的世界中间，把它举着审视，立刻发现它的丑陋。不能镇定地将崇高与渺小、整体与个体比较的人，误认为亢奋是快乐，变态是美。

——美感

166

光以肉眼观察是不够的。不投以肉眼后面心灵的目光，美就不能看得很清晰。获得心灵的目光，需要接受专门教育。

——美感

悲悯是美，宽容是美，爱情是美，堪与百瓣莲花和圆月相媲美。美的形象是善德的完美本相，善德的形象也是美的完美本相。

——美感

在爱的琼浆中，美和不美的严酷壁垒荡然无存。

——美感

本真和美融为一体，我们就可明了，对本真的恰切理解就是快乐，它的至高形式就是美。

——美感

人类在认知真实是欢乐本相和不朽本相的地方，刻下了自己标志。这标志在有的地方是石雕，有的地方是庙宇，有的地方是圣地，有的地方是京城。

——美感

人心抵达世界的任何一个码头，就在那儿用语言奋力修建一个永久圣地。如此这般，把世界之滨的所有地方，改造得可让人生之路上的旅人的心栖息和过往。

——美感

我们首先看到，美是高于需求的。所以我们称它为财富。所以它使我们摆脱追逐利益的精神缺失，在大爱中获得解脱。

——美感

善是人们面前最含蓄的美。所以，我们经常不容易明了它就是美。可一旦明了，我们的心就像雨季的大河一样丰满起来，看不到有比它更迷人的东西。

——美感

撇开人的好恶去观察，世界本性并不复杂，很容易窥见其中的美。将察看局部发现的矛盾和形变，掺入整体之中，就不难看到一种恢宏的和谐。

——美

不扬弃一切，广收博纳，卑微的，受挫的，变态的，全部拥抱着，世界坦荡地展示自己的美。整体即美，美不是荆棘包围的窄圈里的东西。

——美

认识美需要克制和艰苦探索，空虚的欲望宣扬的美，是海市蜃楼。

——美

大凡有一些想象力的人，不会呆板地审视"美"。因为，

"美"不是必需品，而是一种额外之物。

——诗的精华

"美"中间有一种意愿，有一种快乐，有一个灵魂。花儿的灵魂，在"美"中显现，在"美"中绽放。世界的灵魂在无际的外在之美中展现自己。

——诗的精华

内在的"无限"，在外部展示自身之地，就有"美"。那种展示越是不完整，那儿，就越是缺少"美"，粗俗、呆滞、犹豫、蛮横和大片的不和谐，便历历在目。

——诗的精华

世界上既有博大的富丽，也有严厉的节制。它的离心力在无数变异中，使它在周遭万物中呈现千姿百态，它的向心力则把变异的火热激情融入唯一完整的和谐之中。一方面是绽放，另一方面是收缩，它的韵律中产生美。在世界上这种放松和拽紧的永恒游戏中，美在各处显示自己。

——美和文学

169

美在万有之中，它照亮、显示我们瞬息中的永恒和我们"普通"的清秀面孔上的永恒奇迹。

——美和文学

美把世界的基调注入我们的心灵，在它的帮助下，我们近距离地看到全部真实。

——美和文学

文学家把作品美的青睐一投向平凡，我们立刻发觉，它并不平凡。在美的氛围中，它的美和价值，被发现了。

——美和文学

在文学的光芒下，我们重新审视极为熟悉的事物。在令人惊讶的新奇中，我们得以更深刻地认识熟悉和不熟悉的一切。

——美和文学

依凭知识，我们的心遍布世界；通过劳作，我们的才能遍布世界；透过美感，我们的欢乐遍布世界。人之所以被称为人，是因为他能以知识、才能和欢乐的形式获取世界。

——美和文学

170

人对美的体认，对快乐的体认，在一个个国家一个个时代的文学中保存下来。世界文学的读者们通过文学，探明所有人献出爱心企求什么，得到了什么，并为此感到满足。

——美和文学

文学以两种方式为我们提供乐趣。一、文学以动人心弦的形式为我们展示真实。二、文学让我们感受真实。让别人感受真实是一件极难的事情。

——美和文学

语言画的画，受到我们的喜爱，并非因为画得特别逼真。语言在其中融入了人情味，所以那画在我们心中获得了一份特殊亲情。使用语言，在人的内心蒸馏过的世界，与我们更加贴近了。

——美和文学

我们要以观察高山丛林、河流湖泊、沙漠大海的眼光，审视文学；文学也不是你我个人的，而是万物创造的一部分。

——文学创作

最初在万人之口中流转的雏形民歌，渐渐演变成的诗歌，又由民众唱了许多年，岁月之手从各个角度，将它做了加工提高。它从全国各个领域汲取了营养，又逐渐成为全国的作品，其中融合了国家心中的历史、伦理道德、宗教观和行为方式。

——文学创作

171

大部分文学作品本身，就是对自然和人类生活的评论。

——儿歌

儿歌，是我们心天上的影子，就像澄碧的湖水中云彩嬉戏着的天空的影子。所以，它们是天生的。

——儿歌

对于每天做梦的小男孩来说，儿歌的梦幻世界，比起我们眼里真实的直观世界，更加真实。

——儿歌

儿歌摆脱了重负和深义的束缚，以繁丽的画面，永远愉悦儿童的心。儿歌不是抓住儿童心理学的腰带写出来的。

——儿歌

最质朴的，也是最难的，这就是"浅易"的主要特征。

——儿歌

时刻被各种世事严密地包围着的人，总想以韵律、节拍装饰世事，并在上面投以融合永恒之美的情愫之光，重新进行观察。

——乡村文学

湿婆与雪山神女的故事反映孟加拉人的世俗生活，而罗陀与黑天的故事中则反映孟加拉人的感情生活。前一个故事表现夫妻受到的社会束缚，后一个故事表现超越社会束缚的爱情。湿婆与雪山神女之歌是社会之歌，而罗陀与黑天之歌是美之歌。

——乡村文学

毗湿奴教派歌曲是自由之歌，它不承认什么种姓、什么家族。可它的"放浪形骸"接受"美"和心灵的束缚。它不是失去理性的感官的迷茫的疯狂。

——乡村文学

欧洲的诗坛大师歌德说："谁想同时看到青春韶华的花朵和成熟年龄的果实，同时看到人间和天堂，那在《沙恭达罗》中，他的心愿可以得到满足。"

——沙恭达罗

文学把善升华为美，弘扬仁义，将慈爱变为心灵财富。以指明后果、宣扬恐怖等手段，把我们引向造福之路，是外在行为，那是法理和宗教的议题。

——沙恭达罗

173

高尚的文学，应当沿着灵魂深处的路径，以从人性流出的泪水，洗涤污浊，以由衷的憎恨焚烧罪恶，以纯真的愉快欢迎善行。

——沙恭达罗

诗人依凭自己的才华，施展想象力，通过抒写他们的悲欢和生活体验，反映人类永久的激情和人生真谛。

——罗摩衍那

《罗摩衍那》叙述的是月族而不是神仙的故事。《罗摩衍那》中天神不曾屈尊为人，是高尚的品德使人跻身于神的行列。

——罗摩衍那

树立凡人的光辉榜样，是印度诗人创作史诗的动机，从古到今，印度读者以极大的兴趣诵读有关凡人的楷模的章节。

——罗摩衍那

《罗摩衍那》的主要特点，是展示放大了的家庭本质。父子、兄弟和夫妻之间的宗教关系，亲情关系和相敬如宾的关系，表现得如此圣洁，使作品轻而易举地成为不朽史诗。

——罗摩衍那

174

《罗摩衍那》昭示的，是儿子对父亲的恭顺，为兄弟做出的自我牺牲，夫妻之间的坚贞不渝，国王对平民所负的责任，可以达到怎样的高度。像这种凡人的家庭成员之间的关系，在别国的史诗中未被当作值得描写的内容。

——罗摩衍那

《罗摩衍那》《摩诃婆罗多》像恒河、喜马拉雅山那样属于整个印度。容纳幅员辽阔的印度的这两部鸿篇巨制，其实已失落参与创作的众多诗人的名字，诗人远远地隐藏在史诗后面无人知晓的僻静处。

——罗摩衍那

《罗摩衍那》《摩诃婆罗多》是印度世代的历史。其他历史随岁月而变动，但这两部历史书万古不变。印度的探索、追求和信念的历史，端坐在两座宏伟诗殿里永恒的御座上。

——罗摩衍那

发自内心的话，不管说多少遍，照样有新鲜感。世界上的两三部大史诗，过了一千多年，仍不褪色，像纯净水消释我们的干渴，让我们满足；似醇酒让我们达到激奋的顶峰，不让我们陷入枯燥乏味之中。

——学生的隔离服

175

花中有"无限"，我们在顶级诗人的诗作中感受到深邃的"无限"，在千百个优秀或平庸诗人的诗作中也感受到无边无涯的"无限"。历代诗人无不喜欢花。一个诗人之后，另一个诗人重写相同的旧题材，他的作品让我们朝这种花的"无限"更近一步。

——诗的精华

现实主义诗歌中，事物指着自己说："我中间有万物。你闻我吧，摸我吧，享用我吧，用身心的语言欣赏我吧。"

——有形祭祀与无形祭祀

象征诗的特点在于，它让我们站在特殊界线上，这条界线的前面就是"无限"。在象征诗中，景物指着"无限"的方向，做出某种暗示；它来到我们眼前，不遮挡无垠的天空。

——有形祭祀与无形祭祀

早已泯灭了的众多文明的废墟中，被遗忘的时代的情绪的声音，仍在大量画作、陶器和塑像中回响。

——韵律琐谈

诗歌文学不只是趣味文学，更是形象文学。一般来说，语言的文字具有意义，但在韵律中却附丽于形象。

——韵律琐谈

艺术的责任是阐述形象。合适的界限内描述的形象，才是真实的。超越界限的夸大，是对形象的歪曲。人的鼻子如果越规，向象的长鼻子方向发展；人的脖子如果不自量力，疯狂地和长颈鹿竞争，硬扯大的两个器官洋洋得意，但不会增添形象的光荣。

——波斯纪行

进行创造，必须把人生阅历融于世界的真实之中。人千方百计把体验过的悲欢怨恼带出幽秘深心，熔铸为形象的要素。

——韵律琐谈

"我爱"，这句话可以用自己的语言说出来，表明一段人生经历。然而，更应让"我爱"这句话脱离"我"，用于艺术创造，这样的艺术创造属于人类和历史。例如，沙杰汉的悲恸创造了泰姬陵，沙杰汉的创造凭借绝伦的韵律，超乎沙杰汉个人。

——韵律琐谈

舞蹈艺术的第一篇序言，是以肢体无意义的优美写就的，只包含韵律的欢乐。

——韵律琐谈

当情感的宣泄忘却自身，换句话说，当倾吐感情不是目的，最高目标是形象创造时，舞蹈便可为大家欣赏。那舞蹈可能被人遗忘，但存在的日子里，舞蹈形象上必然打上永恒的印记。

——韵律琐谈

177

在鹤的舞姿中能窥见情感和高于情感的东西。雄鹤决心打动情侣的芳心，它的心灵会设计舞蹈语言和舞韵的奇特表现方式。

——韵律琐谈

诗的目的是征服人心——不管它在韵文中骑马，还是在散文中行军。必须以达到目的的实力来评判它。打败了就是打败了，不管它骑在马上，还是在地上行走。

——诗的韵律

散文也罢，诗作也罢，作品中往往有天然韵律。诗中的韵律可以看到，在散文中则是隐藏的。真正的诗，采用诗的形式是诗，采用散文的形式也是诗。

——诗的韵律

舞女跳舞，她装饰性的舞步是教就的。而款款而行的任何倩女的步子，遵从保持身体平衡的规律。这种简单行走的美的姿势所具有的不是教就的韵律，融化在血液中，融化在肢体中。散文诗的行进也这样，它迈着稳健的步子，而不是无规则地胡乱奔跑。

178

——散文诗

让别人相信，和让别人感悟，是两码事。相信的根长在头脑里，而感悟的根长在心里。让别人相信和和让别人感悟的语言，是不一样的。

——诗和歌

我相信一朵玫瑰花是圆形的，我可以量出它的周长，让
你也相信玫瑰花是圆形的。可我不能让你感受到玫瑰花是美
的。这时就需要诗的帮助。我得想方设法表述我欣赏到的玫
瑰花的美，让你心里产生美感。这样的表述，就叫作诗。

——诗和歌

交谈的语言中没有有秩的韵律，可诗中有，同样，交谈的
声音没有有秩的节奏，可歌中有。歌和诗分占情感表达的两个
王国。

——诗和歌

属于人类的情歌安置亿万情人的心座。它播散开来，传遍
万国，千古流传。

——再次集

万世的旅客，你在我的歌曲中将发现你延伸的足迹。

——飞鸟集

诗和画家一样，能够描述瞬间的外表美。也和歌手一样，
能够唱出片刻的激情。它不停地从一种感情跃到另一种感情。
它从情感的恒河的源头，一直走到入海口。

——诗和歌

诗人的工作是以"爱"亢奋人的知觉，把人从蒙昧中唤醒。胸怀宽广，目光深邃，拥有隽永、高洁、自由，时时处处拥抱人的心灵的诗人，被誉为大诗人。

——在北印度孟加拉文学会议上的讲话

将今时与昔时切断，寻求知识和艺术探索之河也会变得浅细，发臭，最终干涸。

——在北印度孟加拉文学会议上的讲话

想象和臆想有着本质的区别。真正的想象，由理性、节制和真实凝聚而成。在臆想中间，只有伪装的真实，可它借助古怪的夸张，毫无节制地膨胀。

——般吉姆

每个人在读文学作品的时候，都在心里进行表演。表演中不能展现美的诗，不能使诗人声名远扬。

——戏剧舞台

180

刻板的写实，一旦像金龟子一样钻进艺术，就会像蟑螂一样吃光里面的精华。在缺少意味的衰败之地，昂贵的表面华丽必然渐渐可怕地蔓延——末了，严密地覆盖精神食粮，下面累积起山一样的糟粕。

——戏剧舞台

散文的盛宴在刻板的格律之外。它的厅堂里，美丑、是非互相拥挤；破烂的披毡和绫罗绸缎缠裹在一起；乐音、杂音相混。

散文的号令朝天空升腾，驾着歌声，驾着咆哮，驾着轻柔的旋律，驾着惊天动地的风暴。

散文时而喷射火焰，时而倾泻瀑布。散文世界里有辽阔的平原，也有巍峨的山岭；有幽深的森林，也有荒凉的沙漠。

谁欲驾驭散文，谁必须学会多种技法，具有高屋建瓴的气概，避免笔势的凝碍。

散文没有外表的汹涌澎湃，它以轻重有致的手法激发内在的旋律。

我用这样的散文写的剧本里，既有亘古的沉静，也有今时的喧腾。

——现代剧刍议

我的画作，是用线条画出来的韵律。如果它们偶尔有资格要求得到赏识，它首先必定是因为形态中有些许韵意，这是根本原因，而并非它是观念的诠释和某个事实的再现。

——伯明翰泰戈尔画展前言

181

人们常常问我，我的画是什么意思。我和我的画一样，保持沉默。它们要做的事是展现，而不是解释。

——波士顿泰戈尔画展前言

诗人的创造若是真实，真实的光荣寓于创造之中，而不在人们的首肯之中。作品不被人接受是常有的事，那样会影响书市的价格，但不会降低真实的价值。

——七旬回眸

高尚的文学，救艺术享受于贪婪，救美于卑污，救灵魂于功利主义的樊笼。

——七旬回眸

宗 教

睁开双眼，推开房门，射进来的曙光，是谁也挡不住的。
宗教，就像这样的曙光。

——《奥义书》中的梵天

在人世间，只有在一切差异中求同一的，只有在一切对抗
中寻安宁的，只有在一切分离中是重聚的桥梁的，才能称之为
宗教。

——宗教宣传

宗教不是为满足人世的部分需求。

——宗教宣传

宗教在家中是家庭的宗教，在王国是王国的宗教，它赋予
整个印度社会一种完整的意义。

185

——宗教宣传

《奥义书》不曾建造特殊寺庙，不曾在某个地方安置别具
特色的梵天雕像，而仅在各地完整地感知他。

——《奥义书》中的梵天

守信是苦行，求实是苦行，倾听是苦行，禁欲是苦行，施舍是苦行，劳作是苦行，对天地人间无处不在的梵的祭拜是苦行。

——宗教宣传

我们为信奉宗教而构建宗教社会，最后宗教社会夺取了宗教的位置。

——宗教宣传

在祭拜天帝这件事上，提倡非偶像崇拜，就可敞开心胸，享有健康的自由；而进行偶像崇拜，必然心胸狭隘，受到不健康的情感的压迫。

——有形祭祀与无形祭祀

主张无形祭祀的人，呼吁我们走出人生的监狱，在无垠的天空下，在自由的清风中，获得健康、力量和快乐；在"无限"的纯光和完美的旷达中扩展胸襟；追求灵魂之美。

——有形祭祀与无形祭祀

"无限"不是想象之物，"有限"才是想象之物。"无限"是我们天性的认知，是质朴的真实。

——有形祭祀与无形祭祀

说了"我在天帝的护佑之中"这句话，出于天性，信徒在心里接着会说："我在天帝慈足的凉影里。"这不是偶像崇拜，不会想起一双有血有肉的脚，心中只有坐在慈足下的遐想。谁要是数天帝的脚指头，甚至手指着脚指甲，那就得说，这是偶像崇拜。

——有形祭祀与无形祭祀

天帝在创造中发现了他自己。

——飞鸟集

天帝在他的爱中吻着"无限"，世人在爱中吻着"有限"。

——飞鸟集

抗辩之时，天帝大加赞扬；盲目崇拜，天帝一脸冰霜。

——火花集

莫以对俗人不尊中断你对神的叩拜。以对俗人的爱心传达你虔敬的天帝的慈爱。

187

——火花集

谁打着宗教的幌子制造仇恨，谁阻碍至尊的天帝享受祭品。

——火花集

兄弟之间的杀戮是对天帝的宣战。

———火花集

在多大程度上了解自己的兄弟，就能在多大程度上为兄弟做出牺牲。

———节日

你偶像的碎片散落在尘土中，这足以证明天帝的尘土比你的偶像更伟大。

———飞鸟集

社会中产生了信仰的异化，作为异化了的信仰的具象，我们看到了两个大神，即属于远古吠陀经典及其相关仪规的大神大梵天和属于新兴派别的大神毗湿努。

———印度的历史潮流

188

大梵天永世静坐冥想，他的四个面孔是四吠陀。毗湿努挥动着四只手，不时播布新领域的福音，制造统一之轮，宣传治理，展示真美。

———印度的历史潮流

当神明在外部，凡人感受不到自己的灵魂与其息息相关时，人和神之间只有欲望和畏惧的关系。

——印度的历史潮流

心怀欲望和恐惧的祭拜，是外在祭拜，是对他人的祭拜。当神成为心灵之宝时，内心的祭拜才能开始，那祭拜才是虔诚祭拜。

——印度的历史潮流

释迦牟尼在印度引领人走向崇高，宣传人不是神控的贫贱之物。

——布波纳沙尔庙

即便在极其低贱的生灵中，善的力量，也以极平凡的形态，在与恶的对比中，展示自己。

——爪哇通信

生灵是不自由的，因为它眷恋私利。带着一切生灵的进化的宗教，以不断更新的方法，冲击对私利的眷恋。无论在什么地方，佛陀现世的时间长短，与那冲击的力度是成正比的。

——爪哇通信

新生的印度教的要义是：神在人群中现身，神在人世建功立业，神徜徉在我们每时每刻的苦乐中。

——布波纳沙尔庙

印度教徒承认人性的千差万别，在调和之路上，签发数不胜数的内涵对立的许可证。

——爪哇通信

人们需要宗教，却想以尽可能低的价格得到它，总是试图在满足各种需求之后，只花手头剩余的几块钱了却此事。

——宗教教育

"宗教典籍和世俗经典，是同一个神的真言"，这种话是站不住脚的。

——宗教教育

知识分子越是强大，神职人员就越是细致地阐述教义，试图在陈词滥调上贴上科学观点的标签。

——宗教教育

教派观念造成的对人的伤害，大大超过世俗观念对人的伤害。

贪图钱财，使人变得心术不正，变得残酷，而死守宗教观点，必然偏离正道，越发昏聩，越发凶残。

——波斯纪行

宗教培植愚昧，扼杀人的心灵自由，这个敌人比公开锁缚平民自由的暴君还要凶恶。

——俄国书简

君主企图把平民变为奴隶，使用的主要武器是使人麻木的宗教。宗教似心毒的美女，拥抱你，迷惑你，把你害死。虔诚之戟比武力之戟更深地刺入人心，且刺得人浑身酥软。

——俄国书简

无神论比宗教迷信要好得多。

——俄国书简

梵教的特质的标志是什么呢？一言以蔽之，是它对无限的渴求，是它对无限的兴趣。

——宗教教育

191

与神祇的索取和给予的关系，在我们的头脑中根深蒂固。有关敬神，我们的言论本质上无异于交易。

——盲目崇拜

大自然和人的灵魂结合，就是我们建造的神庙，摆脱私利束缚的善行，就是我们的祭祀。

——宗教教育

印度古代的净修林里，修行和教育融为一体，因而净修林像心脏一样，占有整个社会的内心世界，净化、保护社会的生命。

——宗教教育

印度教徒栖居之地，穆斯林的大门紧闭着，穆斯林栖居之地，印度教徒步步受阻。只要存在心灵的隔阂，利益的差异就无从铲除。

——印度教徒和穆斯林

印度穆斯林的顽固，把他们的社会牢牢地囚禁在自己中间，把外人推到很远的地方。印度教徒的顽固，在他们中间把自己的社会刺得千疮百孔。

——波斯纪行

印度对立的两个教派，仿佛是背连背的双胞胎。一个人的迈步，抗议另一个人的迈步。所以，既不能把两者完全分开，也不能使两者成为一个整体。

——波斯纪行

英国的乳房里如为穆斯林兄弟滋生乳汁，那是令人快乐的事，但为印度教徒只分泌胆汁，那种快乐恐怕不会持久。

——公正裁决的权力

英国人似乎也有些怕穆斯林。所以王权之杖擦着穆斯林的身体，重重地落在印度教徒的头上。这可称为"揍女用吓妻子"的政策。

——公正裁决的权力

当宗教囿于某个教派时，它在教派的多数人那儿不是成为习惯了的麻木，就是习惯了的痴迷。

——宗教宣传

印度的一个教派强大起来，单靠权势，把自己的观点之链像捆绑奴隶一样捆绑另一个弱小教派，这种对善德的伤害，是极为严重的！

——孟加拉分治

嘴上称印度另一教派的人为"兄弟"，行动中却在做背叛兄弟的事情；用力掐住人家的脖子，把人拖到一起，这不能称为团圆。

——孟加拉分治

在职位、荣誉、教育等方面，穆斯林与印度教徒平起平坐，对印度教徒来说是一大福音。

——印度教大学

印度教徒和穆斯林是印度的左、右手，牵拽经线、纬线，织成一幅壮丽的山河织锦。

——西服和印式制服

穆斯林和印度教徒在宗教上不能合二为一，但两大教派的人可以和睦相处。我们的教育、研究、崇高的利益都应服从于这个目标。

——西服和印式制服

数百年来，我们的印度教徒和穆斯林坐在一个祖国母亲的两个膝盖上，分享同一份慈爱，可如今我们的团圆之路堵塞了，一把分裂的巨剑如今悬垂在印度头上。

——在帕波那省会议上的讲话

无论如何，为了让印度教徒和穆斯林——印度这两大群体在全民聚集之地拧成一股绳，我们必须采取谨慎、克制、宽容的态度，做出必要的让步。

——在帕波那省会议上的讲话

　　如果把坚定的宗教理想流放到教堂的孤岛上，以骤然冒出的需求的标准，掌控人世的行为举止，就只会造成毁灭性的灾难。

　　　　　　　　　　　　　　　　——宗教宣传

　　印度的朝觐，是宗教活动的一个重要组成部分。

　　　　　　　　　　　　　　　　——西行日记

　　那些生来心里充满世俗观念的人，在宗教活动中，也给予物件更高的价值。与神相比，他们更多地尊重习惯之幕。

　　　　　　　　　　　　　　　　——西行日记

　　我的宗教从本质上讲，是一个诗人的宗教。我的宗教生活，有如我的诗人生涯，循着一些逐渐形成的神秘路线。

　　　　　　　　　　　　　　　　——宗教经验

　　我对宗教的所有感觉，来自想象，而不是来自知识。

　　　　　　　　　　　　　　　　——宗教经验　　195

　　我的神不在庙里，不在雕像中，也不在天国乐园。我的神在人群之中。

　　　　　　　　　　　　　　——写给赫蒙达芭拉的信

生与死

真实的无量的不死，
日日由死证实。

——随想集

死的印记
给生命以价值，
所以用生命换取的，
异常宝贵。

——随想集

我想到许多时代
在生死和爱情的川流上漂浮，被遗忘，
便感觉到了辞世的自由。

——飞鸟集

199

夜吻着渐渐黯淡的白昼，
在它耳边轻声说："我是死，你的母亲。
我要给你新的诞生。"

——飞鸟集

死亡之泉，使生命的静水活跃起来。

——飞鸟集

如同诞生，死亡也属于生命。
如同放下脚是走路，抬脚也是走路。

——飞鸟集

灿亮的生命之岛四周，
日夜翻涌着死亡之海的无尽的歌曲。

——飞鸟集

我将死了又死，
从而知道生是无穷无尽的。

——飞鸟集

200

让死者拥有不朽的声誉，
让生者拥有不朽的爱情。

——飞鸟集

我的天帝，让我真实地活着吧，这样，死对于我也是真实
的了。

——飞鸟集

人世间，从不停息的生活之河，哗哗地冲刷死亡。

       ——关闭的房子

大千世界既把死亡也把生命搂在怀里，两者像兄弟姐妹在大千世界的怀里游戏。

       ——关闭的房子

在死亡流动的地方，在死亡拽着生命之手以同样的节拍跳舞的地方，死亡也有生命，是不可怕的。

       ——关闭的房子

囚在表记中的不流动的死亡，是真正的死亡，是可怕的。所以，墓地是恐惧之所。

       ——关闭的房子

生命既来临又离去。死亡也一样，来了又走。

       ——关闭的房子

201

一天黄昏我突然看见"死"的右臂揽着"生"的颈项，一条红绸联结着"生"与"死"的手腕——这是我熟识的"伉俪"。我看见死亡——新娘右手拿着妆奁——新郎的无价赠礼从容地走向时间的极终。

——病榻集

树叶的生生死死，是一种快速旋转的循环，
更大的循环，在繁星之间缓缓转动。

——飞鸟集

不管怎样扩充死了的东西，总也不能起死回生。

——火花集

生命的价值若以死衡量，那生命在仙境定战胜死亡。

——火花集

死的印记给生命的钱币以价值，
使之能以生命购置真正的珍宝。

——飞鸟集

202

在衰竭中终结的是死亡，
但"完美"终结在无限之中。

——飞鸟集

这生命是渡海，我们聚集在一艘窄小的船里。

死亡之时，我们抵达彼岸，各归各的世界。

——飞鸟集

生命是赐给我们的，我们献出生命才能得到生命。

——飞鸟集

透过生命里残留的一些空隙，传来了死亡的哀乐。

——飞鸟集

生命只能通过死亡来绽现，除此别无他法。

——访日散记

生命的泉水，在我的条条血管中日夜奔流，也流过世界，应和着绝妙的音乐旋律翩翩起舞。就是这生命，潮起潮落，在生死之海的摇篮里晃动。

——吉檀迦利

死亡与我亲密无间，他附在我每一条肌肉上。我的心跳应和着他的音律，他的欢乐之河在我的血管里奔流。

——最后的星期集

死亡号召我："甩掉包袱，向前，向前！在我的引力下，以我的速度，每时每刻死着朝前走。"

——最后的星期集

死亡警告我："你如默坐着抱着你拥有的财物，看吧，在你的世界，花儿凋枯，星光黯淡，江河干得只有泥浆。"

——最后的星期集

死亡鼓励我："不要停步，不要瞻前顾后，前进！越过困乏，越过僵硬，越过陈腐，越过衰亡！"

——最后的星期集

死亡说："我是牧童，我放牧创造物，从一个时代走向另一个时代的牧场。我跟随生活的活水，防止它跌入洞穴。我排除海滨的障碍，呼唤它导引它注入大海，那大海就是我。"

——最后的星期集

人怕死，是误解造成的。人觉得自己十分孤独。但一旦认识到自己与万物浑然交融，对死亡的恐惧立即便消失。

——杜尔迦大祭节

你写信问我怕不怕死。一般来说，我是不怕的。生和死，是个体的两个方面——如同观念中的沉睡和苏醒。

——写给赫蒙达芭拉的信

死亡为了散布自己的痛苦，带来了生离死别。只有这生离死别在逝者和仍在尘世的人中间，承负着沉痛的无声话语。

——写给波罗穆特的信

一切诞生，全经历阵痛，一切收获全从舍弃之路走来，一切永生全踩着死亡之梯攀登。

——在五十岁生日庆祝会上的讲话

我不能说，人一生只出生一次。如同种子死了，长出了嫩芽，嫩芽死了，长出了大树，人也一次次死去，一次次走进新的人生。

——在五十岁生日庆祝会上的讲话

人生的最后时刻，心中如响起矛盾的喧哗，难听的乐音是非常刺耳的；我们听不见完整的死亡之歌，承认死亡是真实而加以接受的快乐，荡然无存。

——西行日记

在大千世界的胸前，回荡着死亡的临终呼唤。在摆放死亡之椅之处，若看到死者的平静容貌，就能清晰地感知，死亡是很美的。

——西行日记

死亡撕碎羁绊，这画面是丑陋的。我们自己解开绳索，怀着充分信任，拉着他的手，才是快乐的。

——西行日记

在地球这个特殊地方——迦尸①，仿佛没有束缚。在迦尸，死亡中解脱的福音，成为圣洁乐音，进入真正的印度教徒的耳朵。

——西行日记

人生的最后时刻，但愿我能说，世界各地在我眼里是一个地方，是唯一的天帝的寺庙。

——西行日记

唯一的至高无上者的生命的神圣恒河，流经各地，世代流向浩瀚的大海。

——西行日记

206

---

① 印度宗教圣地。

梵我合一

应在神奇世界活跃的繁多中，将无量永恒视为一体。

——古印度的"一"

这个"一"是万物之神，是众生之主，是众生的养育者；这个"一"像大桥，支托着万世，使之不遭毁灭。

——古印度的"一"

作为真智，梵天稳固地端坐在我们内心宇宙和心空。认清这一点，我们才不会在欲望中枉然徘徊，大彻大悟能使我们心平气和。

——梵我合一

你使我万世永生，这是你的快乐，你一再倒空我的心杯，又一再斟满崭新的生命。

——吉檀迦利

209

你无穷的赐予，只放在我小小的手中，一个个时代消逝，你不停地赐予，我的手总可以受纳。

——吉檀迦利

你吩咐我唱歌时，自豪涌满我的胸膛；我生活中的一切苦涩，融化为甜美的和声——我的赞美像一只欢乐的鸟儿，展翅飞越海洋。

——吉檀迦利

我以我歌曲远伸的翅翼，拂触我从不敢奢望触及的你的双足。我陶醉于欢快的歌声中，将自己遗忘，你是我的主人，可我把你当作朋友。

——吉檀迦利

你乐曲的光辉照耀世界，你乐曲的活力贯透一重重天宇。你乐曲的圣河冲决一切山岩的阻拦，向前奔流。

——吉檀迦利

你是我生命的生命，我终生洁净我的肉体凡身，我知道我的肢体昼夜享受着你生命的爱抚。

——吉檀迦利

我要尽心竭力，从我的思想剔除一切虚伪，因为我知道你是我心中点燃理智之光的真理。

——吉檀迦利

你穿着褴褛的衣衫，在一贫如洗的最穷最卑贱的人中间歇脚。我的心永远找不到通往那儿的路。

——吉檀迦利

我诗人的虚荣，在你的面前羞死。啊，大诗人，我匍匐在你的足前，让我把我的生命变得朴实、正直，像一管苇笛，让你吹出优美的乐音。

——吉檀迦利

梵天去的地方，农夫在锄耕贫瘠的农田，工人在敲石筑路。他与大家一起头顶烈日，栉风沐雨，衣服沾染灰尘。

——吉檀迦利

梵天在创造的束缚中，永远愉快地与大家生活在一起。

——吉檀迦利

我通过世事表现在生活中隐身的梵天。

——火花集

211

我虽然人微言轻，可我独一无二。把渺小的我推进万物之中的我的自豪，是准备让天帝享用的。毫无保留地献给他，是我的最大快乐。

——人的个性

七月漆黑的雨夜里，梵天乘坐隆隆的云辇前来，不停地前来。他走过我的心田，金子般的步履接触，使我的欢乐闪闪发光。

——吉檀迦利

透过我的双眼，来观察你的创造，通过我的听觉，来静听你永恒的乐音，我的诗人，这是你的快乐。

——吉檀迦利

人世间那些爱我的人，用一切手段约束我。你的爱截然不同，你的爱比他们的爱伟大得多，你给我自由。

——吉檀迦利

你在爱中把你交给了我，又在我身上欣赏你的优美姿态。

——吉檀迦利

212　　你的话语，在我每个鸟巢里变成飞翔的歌曲，你的乐调在我的树林花丛中舒瓣吐蕊。

——吉檀迦利

哦，我的心，静听"世界"的微语，那是对你倾诉的爱。

——飞鸟集

我的欲望是愚蠢的，它们在歌声中叫嚷，我的主啊，让我静静地听吧。

——飞鸟集

天帝期望我们回报他的，是他送给我们的鲜花，而不是太阳和大地。

——飞鸟集

创造的奥秘如同夜里的黑暗，是伟大的。但知识的幻影，有如晨雾。

——飞鸟集

早晨我坐在窗口，"世界"像一个行人，驻足片刻，向我点点头离去了。

——飞鸟集

213

天帝对人说："我医治你，所以才伤害你；我爱你，所以才惩罚你。"

——飞鸟集

我的思想和闪光的绿叶一起闪烁，我的心在阳光的触摸下欢歌，我的生命快乐地与万物飘进天空的蔚蓝，飘进时间的幽暗。

——飞鸟集

世界以它的痛苦和我的灵魂接吻，要求在歌声中给予回报。

——飞鸟集

我住在我的小世界里，担心弄得它越来越小。把我提升到你的世界里吧，让我获得愉快地失去我一切的自由。

——飞鸟集

我已唱了你的白昼之歌。黄昏时分，让我高擎你的灯，在风暴肆虐的道路上行进。

——飞鸟集

在万物的忧愁中，我听见"永恒母亲"的悲叹。

——飞鸟集

我离去时，让我的思想像那沉寂的星空边缘夕阳映照的晚霞，去你那儿。

——飞鸟集

在年寿的尽头，我站在你面前，你将看见我的伤疤，你知道，我有许多创伤，也有治愈的办法。

——飞鸟集

某一天，我将在另一个世界的黎明时分对你唱道："以前在地球的光明里，在人们的爱情中，我曾经见过你。"

——飞鸟集

让我感觉到你的爱正凝聚成这个世界，于是我的爱就来帮助它。

——飞鸟集

我所有的生命之弦调试停当，我的主啊，你手指的每次触拨，都弹出爱的乐章。

——飞鸟集

象征生命的永生的梵天，无声地抚摸了哲人[①] 一生中的一个布萨月[②]初七，从此，死亡无权走进这个日子。

——梵学书院

215

[①] 指泰戈尔的父亲德本特拉纳特。泰戈尔在他购置的土地上创建了国际大学。

[②] 印历9月，公历12月至1月。

在自身中感知万物，在万物中感知自己的人，才能感知真实。

——大印度

谁把自己幽禁在个我中，谁必然灭绝；谁在万物中感知自己，谁就能显现。

——教育的汇合

人在固体中是固体，在树木中是树木，在飞禽走兽中是飞禽走兽。

——春天的遐想

小我中灵魂的封闭状态，不是灵魂的真实状态。这既是个人的人生追求的一件大事，也是民族的历史追求的一件大事。

——大印度

216

我的生命中隐藏着树木的生命的回忆，今天我成为人，我承认这是真的。不单是树木，整个物质世界的回忆，也潜藏在我的体内。

——我曾经是一棵树

世界的脉搏，在我的全身，扩布着亲情的快乐。在我的生命中，累世经代，绿树、青藤哑默的快乐，今天获得了语言。

——我曾经是一棵树

我体内的无穷欢乐，是河流、陆地、树林、飞禽走兽的欢乐。

——我曾经是一棵树

我是人，因而我也是尘埃、泥土、流水、树木、飞禽走兽，我就是万物——这是我的光荣——我的意念中闪耀着世界的历史——我的存在中，汇集了所有的生物、非生物。

——我曾经是一棵树

我的血液熟识海涛的节拍，与之共舞，但海涛不认识我；我生命的欢乐与树木生命的欢乐融和，开花结果，但树林不认识我。

——我曾经是一棵树

我有千万个"有限"，又有千万个"无限"。我未展现的我，在已展现的我之中，是真实的。我已展现的我，在未展现的我之中，也是真实的。

——我的大千世界

大千世界万物之中存在着"无限"；我们感觉到它是美的。

——诗的精华

这世界的水域、陆地和天空，是由我心灵的彩丝织成的。

——我的大千世界

诗人和哲人的责任是，让误入迷津的人明白：世界就是我。

——我的大千世界

艺术之神用系上我心弦的情琴弹奏的，是世界之曲。

——我的大千世界

大千世界不仅是五行或六十五种元素的所在地，也是我的心灵之巢，是我生命的乐园，是我的爱欢聚的圣地。

——我的大千世界

远离红尘的解脱，我不追求，重重的束缚中，我照样能够随时品尝解脱的甜美滋味。

——解脱

憧憬的火光中萌生我的解脱，我的爱情以虔诚的形式结出硕果。

——解脱

人世间我们的解脱在哪儿呢？在爱之中！

——社会中的解脱

通过爱，我一瞬间脱离需求的世界，进入自由的欢乐世界，仿佛突然从噩梦中醒来。

——社会中的解脱

哦，大神，你是至美的我，你的力量支托着我的自我，我于是顷刻间获得解脱。

——社会中的解脱

乡村建设

生命的源泉在农村，民族诞生在农村，社会制度在农村建立。开拓农村的潜力，一切问题将迎刃而解。

——在穆门辛赫县群众大会上的演讲

植物和动物把从自然界获得的财富还给自然界，从而确保周而复始的正常循环。

——在国际大学年会上的讲话

人类把生命的物质还给土地，才能与土地进行正常的生命力的交换，欺骗土地就是欺骗人类自己。

——在国际大学年会上的讲话

在土地的账本上，长时期只看到花销而看不到储蓄的记录，我们就应明白，离开破产为期不远了。

——在国际大学年会上的讲话

223

疾病是贫穷的载体，贫穷则是疾病的温床。

——在斯里尼克坦合作社成立纪念会上的讲话

我们生活的根基在农村。我们的祖国母亲和乡村母亲的乳汁已经枯竭了。

——在圣蒂尼克坦星期日聚会上的讲话

人类砍伐树木，从森林手中夺取土地，抢夺大地的绿荫之衣，使之赤身裸体，逼迫森林步步退却。结果，大地上的风变热了，土地的肥力之库空罄了。失去森林庇护的雅利安人聚居地，如今在炎炎烈日下呻吟。

——在斯里尼克坦植树节上的讲话

哪儿的森林遭到破坏，哪儿的人蒙受苦难。如欲遏制灾难，唯一的办法是呼唤布施恩惠的森林女神，祈求她护佑这片土地，赠予水果，赠予绿荫。

——在斯里尼克坦植树节上的讲话

天帝派遣的生命，在大地营造了庇护所，人类的贪欲却在里面繁殖死亡的细胞。

——在斯里尼克坦植树节上的讲话

224

人类社会违背天意，必然受到无穷的诅咒。

——在斯里尼克坦植树节上的讲话

人类滥砍滥伐承担净化空气的、以落叶肥沃土壤的树木，残害森林，也招来了自己的灾祸。现在是忏悔的时候了。

——在斯里尼克坦植树节上的讲话

　　为了对大地负责，让它免受伤痛，应当植树造林，回赠礼品。这项活动应无止境地扩展绿荫，让水果、稻麦飘香的乡村更加美丽，更加快乐。

——在斯里尼克坦植树节上的讲话

　　印度急需合作社，不消灭贫困，我们将死在阎王的各路索命鬼手中。

——合作社

　　明白了我们每个人中间蕴藏着财富的道理，积极加以开掘，摆脱贫穷是大有希望的。

——合作社

　　一批批人依靠合作社学会把才智转变为财富的时候，就可奠定人类自由的基础。

225

——合作社

　　充分发挥潜能，攀登人生顶峰，是每个人天生的权利。应该把这种权利还给每个村子的农民。

——在斯里尼克坦合作社年会上的讲话

围绕开掘土地潜力多动脑筋，提高我国粮食总产量是可能的。这方面已有许多成功例子。万万不可再讥笑种田是蠢人的行当，农业是门大学问。

——土地女神

科学的阳光照耀印度农业的日子来到了。现在不是农民独家单干的年月，农民要与学者、科学家密切合作。农民的犁铧光翻土是不够的，也应与民族的智慧、知识和科研建立友谊。

——土地女神

如果能使三四个村庄摆脱愚昧和困厄的桎梏，就为整个印度树立一个小小的榜样。

——在斯里尼克坦合作社工作人员会议上的讲话

应尽快让这几个村庄获得彻底的自由——人人接受教育，幸福的春风吹进每个家庭。我要说，你们树立起来的这几个模范村就是我的印度，有了这几个模范村就真正地获得了印度。

——在斯里尼克坦合作社工作人员会议上的讲话

旅途随想

印度姑娘和英国姑娘的差别，相同于印度玩具和英国玩具的差别。印度姑娘和英国姑娘都读几年书。两者都是为被送到婚姻商店出售做准备。

——旅欧书札

在英国，男人是主宰，女人对他们绝对忠顺。对妻子下命令，在妻子的心灵上套笼头，任意驱使，是上帝赋予丈夫的权力。

——旅欧书札

旅行意味着在心中储积行进的动感。当心儿即将运动，却硬逼它直挺挺地站着，便促发它一种力量与另一种力量的对抗。

——访日散记

安坐与迈步的中间地带，对心儿来说，是充满苦恼的——在那儿它要协调方向相反的两种力，像做难度极大的体操动作。

——访日散记

不动的客轮的船舱，有如满装经过两次过滤的烈酒的一只大缸。只要客轮行驶，我们就可原谅船舱的窄小，但轮船一动不动，待在船舱里，就好像在死亡之墓中头顶着棺材板。

——访日散记

漂游中，两种对立的因素完全处于和谐状态——我既坐着，又在运动。做着运动之事，又不为此事劳神费心。因此，心儿完整地欣赏前面能看到的一切。水域、陆地、天空，一目了然。

——访日散记

一面漂游一面观看的另一个特点，是它唤醒注意力，但不幽禁注意力。看不见景物照样前行，不会有闪失，不会迷路，也不会跌进大土坑。

——访日散记

230

漂游时的观赏是不用承担责任的观赏，观赏是最高目的，因而观赏如此开阔，如此舒心。

——访日散记

甲板上的颠簸可以忍受，但舱内的颠簸难以忍受。这种不同，类似于在小石子上行走和穿着鞋里有小石子硌脚的鞋行走。前一种情形，是不被捆绑着挨打；后一种情形，是捆绑着拳打脚踢。

——访日散记

风暴侵袭的一重天的上面有宁静的另一重天，台风肆虐的海面下有宁静的海。

——访日散记

大海怀里有大量生物，比陆地上的多得多，可它们没有歌喉。大海自己代替那无数哑默的生物说话。陆地上的生物主要以声音表达感情，水中生物的语言是涌动。大海是舞蹈世界，陆地则是音响世界。

——访日散记

将古城威尼斯和英国工业城市曼彻斯特做个比较，两者的区别一目了然。威尼斯人以美展示自己，曼彻斯特人展示的是自己的机器。

——访日散记

骑着机器的贸易到处漫游，依靠自己的龌龊、卑鄙和冷酷，将贪婪的瘟疫传遍世界。于是，有了无穷的杀戮，地球上血流成河。

——访日散记

天上云朵的形态和色彩瞬息万变。它有些像歌曲的前奏。形态和色彩之曲的前奏，一遍遍演奏，没有固定的节奏。形状和体积不是恒定的。没有寓意深邃的歌词，只有乐曲自由自在的游戏。

——访日散记

世界上日出日落绝非等闲小事。天堂人间对它的欢迎，像欢迎帝王一样隆重。

——访日散记

早晨，地球撩开面纱，伫立着，以不同的音调致欢迎词。黄昏时分，天国的帷幕徐徐升起，天国以被星光兴奋了的静谧，对地球致答词。

——访日散记

色彩的繁丽和色彩的宁静中，均有自然的欢悦。

——访日散记

232

自然的手中，寡少和繁多同样神圣。旭日东升和夕阳西下的景色中，自然在自己的左边和右边同时昭示这个真理。

——访日散记

"宏大"对"细小"的无穷追寻，每时每刻，从花瓣，从鸟翼，从云朵的色彩，从人心的奇妙柔情流露出来。

——访日散记

线条、色彩、趣味中，永远不会有满足。"隐秘"在"表现"中露面，放弃了自己，又找回了自己。

——访日散记

衍生之中，必然有两种因素——消亡与萌生，萌生是主要的，消亡是次要的。

——访日散记

在心里扑灭贪婪的苦行，属于宗教的范畴；而在外部消除贪婪的缘由的苦行，则属于科学的范畴。两者结合，苦行才有成果。

——爪哇通信

现代文明中，情趣和技巧已经脱节，造成这种状况的唯一原因是，贪婪压倒了其他所有追求，成了庞然大物。

——爪哇通信

苍天这位艺术女神，立在蓝莲的秋千上。她抱着整个世界不住地荡悠。

——爪哇通信

大海敲着鼓，从无始的往昔走来。地球上，随着它盛衰的韵律，踏上旅途的生物的历史，从模糊的诞生，走向无形的绝灭。

——爪哇通信

苍天在大海的边沿写上了永恒的灿烂诗句。那是至圣的安谧的诗句，超越人间世代悲怆的哀嚎的漩涡，犹如泪涛上的一朵白莲花。

——爪哇通信

大地上人的脑子里产生一个奇怪想法：不上天，意味着人征服不了天空。把这个想法变为现实的人，经历了战胜死亡的可怕考验。

——爪哇通信

234

极其硕大、极其凶狠、极其沉重的非生命物体，举着铁杵，站在生命的四周，将他塞进尘土的牢房。但生命从不俯首帖耳，从不垂头丧气，它在牢墙上凿了无数小洞，在各个方向开辟光的道路。

——爪哇通信

我给许多人写的大量书信，是流光的电影。那时我心灵的胶片对着外面的光影，摄下的镜头汇成系列书信。

——爪哇通信

我胸中的浓烈情感可以叫作清风的欢乐。形态、阳光、声响、天籁、闲暇，凝成一个真切的整体，叩击着我的心扉，在我心田激起深广的惊喜。

——爪哇通信

上午的阳光下，海边的椰子树似用曼陀铃琴弹奏乐曲。那儿力量的形象和自由的形象浑然合一，其间既有宁静也有美。

——爪哇通信

期望功利的劳动叫职业，不管职业的主人是我自己还是别人。就业，是为挣工资而劳动，不是为劳动而劳动。

——爪哇通信

劳动不从内心给予兴趣，而在外面收取报酬，其实是贬低人格。

——爪哇通信

演讲意味着什么！就是对称为民众的一批木偶的冷漠的耳朵，讲一通千篇一律的大道理，这对讲究实际的人来说，没有任何用处。

——爪哇通信

供奉是一种形式，不能解馋，也不能解饿，所以无人用心把它做成名副其实的食品。写讲话稿，同做供品差不多。

——爪哇通信

巴厘岛上，现代和泯逝的一个个世纪融为一体。这儿岁月不必浓缩为数字。存在的一切，均属于永恒。

——爪哇通信

人的生活，以及人的艰难坎坷、悲欢的情感，借助各种形象、音响和摩挲，得以千姿百态地展现出来。而这一切如果只通过音响表现，那就是美妙的歌曲；如果只通过动作表现，那就是优美的舞蹈。

——爪哇通信

236　　　　在远处测量的时间，因朦胧而显得漫长，走到跟前，时间便倏地浓缩起来。算一算可以知道，这几天把漫长的时光压进一小节时光中了。

——爪哇通信

不访问俄国，今生今世，我的朝觐就不圆满。

——俄国书简

革命的因素遍布世界每个角落，但相对集中于一两个地区。世界遍体血迹斑斑，但只有一两个虚弱的地方脓包破裂，流出一股股殷红的鲜血。

——俄国书简

俄国无权的穷人从掌权的富人手里接过的是空前的苦难。双方极端的不平等在革命中毁灭。

——俄国书简

俄国的问题是全人类的问题。俄国的革命是当代的革命。

——俄国书简

俄国人要摧毁的是列强的势力，要轰击的是富豪的金库！

——俄国书简

237

1917 年的十月革命推翻了沙皇统治。从那时到现在，仅仅过去的十三年中，他们与国内外敌对势力进行了艰苦卓绝的斗争。他们迎着革命的强烈风暴，驾驶航船前往新时代的港口。

——俄国书简

过去的八年中，教育发展使俄国人的精神面貌焕然一新。哑巴似的人开口说话了；遮盖卑贱者心灵的厚幔揭去了；低能者的潜能苏醒了。被凌辱压瘫的人，跃出社会的枯井，获得了平等地位。

——俄国书简

在地面上，人的行走体现与重力的矛盾。地面是重荷的王国，做每件事，要克服重力。在天空，让我心灵陶醉的，是重负的消失和美的随意流动。

——波斯纪行

日本掌握了欧洲的武器，一方面加强自己的安全，另一方面造成潜藏的危险。欧洲的瘟疫，即所谓的帝国主义，浸入它的血液，在它的四周搅起仇恨，在它的邻国心中点燃怒火。它的邻国是不容轻视的。到了一定的时候，这团怒火，将变成燎原大火。

——波斯纪行

历史上不会总刮命运的顺风。总有一天，要向目前的弱者一笔一笔还清债务。日本没有学会与邻国和睦相处，向欧洲学习侵略倒是学得相当熟练了。这条侵略之蛇在地下挖洞，迟早要在它胸脯上咬一口。

——波斯纪行

波斯的石柱假如不坍毁，也不能生活在今世。那些残柱仍带着古代的一个符号，但已为繁忙的今时让路。那个符号的全部重要意义，是属于往昔的。不过，也不能蔑视它，它中间也有人类的光荣。

——波斯纪行

世界上的年轻社会，被耄耋老人控制，就会成为残疾社会。

——波斯纪行

对耄耋老人们来说，当务之急，是放弃监护人的职责，从浮嚣之地退回到幽僻之地，这有利于他们一生的功名。

——波斯纪行

到了国外，很大程度上脱离了个人和个人的琐事，扮演一个面对众多观众的角色。这时看到的仿佛不是几天，而是一个时代；不是在报纸的版面上，而是在历史的背景上进行观察。

239

——波斯纪行

图书在版编目（CIP）数据

泰戈尔箴言 /（印）泰戈尔 著；白开元 译. -- 北京：作家出版社，2016. 4

ISBN 978-7-5063-8901-3

Ⅰ. ①泰… Ⅱ. ①泰… ②白… Ⅲ. ①泰戈尔，R.（1861~1941）- 箴言 Ⅳ. ①K833.515.6

中国版本图书馆CIP数据核字（2016）第086132号

泰戈尔箴言

作　　者：[印]泰戈尔
译　　者：白开元
责任编辑：桑良勇
装帧设计：孙惟静
出版发行：作家出版社
社　　址：北京农展馆南里10号　　邮　编：100125
电话传真：86-10-65930756（出版发行部）
　　　　　86-10-65004079（总编室）
　　　　　86-10-65015116（邮购部）
E-mail:zuojia@zuojia.net.cn
http://www.haozuojia.com（作家在线）
印　　刷：三河市紫恒印装有限公司
成品尺寸：142×210
字　　数：150千
印　　张：7.875
版　　次：2016年8月第1版
印　　次：2016年8月第1次印刷
ISBN 978-7-5063-8901-3
定　　价：28.00元